# 智慧图书馆背景下的知识服务研究

朱明明◎著

吉林出版集团股份有限公司
全国百佳图书出版单位

图书在版编目（CIP）数据

智慧图书馆背景下的知识服务研究 / 朱明明著 . 长春 : 吉林出版集团股份有限公司 , 2025. 5. -- ISBN 978-7-5731-6623-4

Ⅰ . G250.76

中国国家版本馆 CIP 数据核字第 202561ND92 号

智慧图书馆背景下的知识服务研究

ZHIHUI TUSHUGUAN BEIJING XIA DE ZHISHI FUWU YANJIU

著　　者　朱明明
责任编辑　黄　群　杜　琳
责任校对　林　丽
封面设计　守正文化
开　　本　710mm × 1000mm　　1/16
字　　数　204 千
印　　张　12
版　　次　2025 年 5 月第 1 版
印　　次　2025 年 5 月第 1 次印刷
印　　刷　天津和萱印刷有限公司

出　　版　吉林出版集团股份有限公司
发　　行　吉林出版集团股份有限公司
地　　址　吉林省长春市福祉大路 5788 号
邮　　编　130000
电　　话　0431-81629968
邮　　箱　11915286@qq.com
书　　号　ISBN 978-7-5731-6623-4
定　　价　72.00 元

# 前　言

在信息时代，图书馆正经历着前所未有的变化。智慧图书馆的理念和实践，推动了传统图书馆服务模式向更智能化、个性化的方向演进。智慧图书馆不仅是技术的堆砌，更代表着一种全新的服务理念。这种理念是通过集成先进的信息技术，实现资源的高效管理、服务的精准推送和用户体验的全面升级。

智慧图书馆的核心在于利用大数据、云计算、人工智能等技术，优化图书馆的资源管理和服务流程。通过这些技术，图书馆能够更准确地理解用户需求，从而提供个性化的资源推荐和服务，提高服务的针对性和时效性。智慧图书馆的服务不再局限于传统的借阅和查询，而是扩展到了知识发现、学习支持、研究协作等多个领域。

在这一转型过程中，知识服务作为图书馆的核心职能之一，其重要性愈发凸显。知识服务不仅包括提供信息和资源，还包括帮助用户理解和应用知识，为用户的终身学习和专业发展提供坚实支撑。智慧图书馆通过提供交互式知识探索工具、个性化学习路径规划、虚拟参考咨询等新型服务，极大地丰富了知识服务的内容和形式。

智慧图书馆还强调用户体验的提升，通过优化用户界面设计、提供移动访问服务、增强用户参与和反馈机制，让用户能够以更便捷、更愉悦的方式获取和使用图书馆资源。这种以用户为中心的服务理念，使图书馆能够更好地满足用户的多元化需求，提升用户的满意度和忠诚度。

综上所述，智慧图书馆的建设和发展，标志着图书馆服务模式的一次重大变革。它不仅改变了图书馆的服务方式，更为图书馆在信息时代的发展提供了新的方向和机遇。随着技术的不断进步和用户需求的不断变化，智慧图书馆也必将继续探索创新，更好地服务用户，推动知识的传播和应用。

本书第一章为智慧图书馆概述，分别介绍了智慧图书馆的概念、特征和功能，智慧图书馆的资源建设，智慧图书馆建设的技术支撑以及智慧图书馆的服务概况四个方面的内容；第二章为知识服务概述，主要介绍了四个方面的内容，依次是知识服务的含义、特点，知识服务机制，知识服务流程，知识服务模式；第三章为智慧图书馆知识服务，分别介绍了四个方面的内容，依次是智慧图书馆的知识服务理论、智慧图书馆的知识服务框架、智慧图书馆的知识服务过程、智慧图书馆的知识服务模式；第四章为智慧图书馆知识服务延伸情境研究，依次介绍了智慧图书馆知识服务延伸的机制、智慧图书馆知识服务延伸的资源情境、智慧图书馆知识服务延伸的互联情境、智慧图书馆知识服务延伸的服务情境四个方面的内容；第五章为智慧图书馆背景下的知识服务建设，主要介绍了五个方面的内容，分别是优化知识服务资源、建设知识服务团队、完善知识服务环境、构建知识服务平台、创新知识服务模式。

在撰写本书的过程中，作者参考了大量学术文献，得到许多专家、学者的帮助，在此表示真诚感谢。由于作者水平有限，书中难免有疏漏之处，希望广大同行与读者指正。

朱明明

2024 年 10 月

# 目 录

# 第一章　智慧图书馆概述

本章为智慧图书馆概述，主要介绍了四个方面的内容，分别为智慧图书馆的概念、特征和功能，智慧图书馆的资源建设，智慧图书馆建设的技术支撑，智慧图书馆的服务概况。

## 第一节　智慧图书馆的概念、特征和功能

### 一、智慧图书馆的概念

在国内学术界，智慧图书馆尚未形成一个普遍认可的定义，众多学者基于各自视角，提出了多元化的阐释。具体而言，从智能建筑维度审视，智慧图书馆被界定为将智能技术深度融入图书馆构建过程中的一种现代建筑典范，是智能建筑理念与数字图书馆之间融合实践的成果。从感知计算的视角出发，智慧图书馆的概念被构建为“图书馆 + 物联网 + 云计算 + 智慧化设备”的综合体。其核心在于借助物联网技术，进行图书馆服务与管理的全面智慧化升级，以促进信息资源的智能感知、处理与响应。此外，从数字图书馆服务的层面考量，智慧图书馆被视为一种数字服务。它借助信息与通信技术（Information and Communications technology，ICT）的先进成果，使信息处理得以电子化与自动化，还进一步拓展了远程服务范畴，使用户可以在线完成查找图书、阅读图书等操作，极大地提高了图书馆服务的效率。

严栋是国内较早给智慧图书馆下定义的学者，他认为“智慧图书馆就是以一种更智慧的方法，通过利用新一代信息技术来改变用户和图书馆系统信息资源交互的方式，以便提高交互的明确性、灵活性和响应速度，从而实现智慧化服务和

管理的图书馆模式”①。

王世伟认为“智慧图书馆以数字化、网络化、智能化的信息技术为基础，以互联、高效、便利为主要特征，以绿色发展和数字惠民为本质追求，是现代图书馆科学发展的理念与实践”②。

韩丽认为“智慧图书馆是指通过物联网等智能感知技术，为用户提供智慧化服务和管理的一种数字图书馆的高级发展形态。它是数字图书馆发展到一定阶段的产物，是物联网技术在数字图书馆广泛应用的集中体现，也是数字图书馆发展的最终目标。它具有传统数字图书馆的功能，又具有鲜明的智能化特征。在智慧图书馆的智能空间中，计算与信息将融入人们的生活空间，将从根本上改变人们对图书馆的认识。在任何时间、任何场所，人们都能像呼吸一样自如地访问信息，并获得智慧化服务。智慧图书馆将主动地服务于用户，以实现用户之间、用户与图书馆之间、用户与信息资源之间，以及信息资源之间的通信，实现真正意义上的无人值守的智慧化服务和管理，实现 7×24 小时的泛在化服务”③。

马然对智慧图书馆的定义为“智慧图书馆是利用物联网技术将图书馆建筑、设备、文献资源、用户等各个元素相连接构成图书馆物联网，借此实时、主动地获取相关感知数据，并在对感知数据进行分析和处理的基础上，为图书馆工作人员提供一个智慧化的管理平台，为用户提供一个无处不在的智慧化服务环境。无论智慧图书馆的概念怎样演化，都离不开两个本质：一是以物联网为基础，二是管理与服务的智慧化。随着物联网技术在图书馆应用的深入、扩展，以及技术本身的不断成长，智慧图书馆也必然是不断发展的。而以物联网为基础的智慧图书馆则是一个建筑智慧化、资源智慧化、管理智慧化、通信智慧化的结合体，其‘智慧’总是以人为本、为服务而生”④。

在深化智慧图书馆理论框架的进程中，现有的定义虽作出了重要贡献，丰富了该领域的认知边界，但其关注点大多局限于智能技术革新、智慧服务优化及智能建筑设计等维度，视野较窄。本书主张，智慧图书馆的建设应根植于高质量信

① 严栋．基于物联网的智慧图书馆 [J]. 图书馆学刊，2010（7）：8-10.

② 王世伟．论智慧图书馆的三大特点 [J]. 中国图书馆学报，2012（6）：22-28.

③ 韩丽．物联网环境下智慧图书馆的特点、发展现状及前景展望 [J]. 现代情报，2012，32（5）：48-50，54.

④ 马然．馆员驾驭智慧图书馆的研究 [J]. 情报探索，2012（9）：109-111.

息资源的构建，并由具备高度专业素养的图书馆工作人员与用户共同构成智慧图书馆的基石。在此基础上，智慧图书馆还应充分利用高科技工具与智慧化建筑环境融合的优势，以促进数字图书馆向更高层次跃升，并推进数字图书馆的精准供给与持续优化。具体而言，智慧图书馆不仅是数字图书馆发展的进阶阶段，更是一个集信息资源丰富性、技术创新力、专业人才储备、多元化服务模式、智能化建筑空间于一体的综合性智慧生态系统。这一生态系统突破单一技术或服务的局限，强调各要素间的紧密联动与相互赋能，共同塑造出一个全面且深入的智慧化集合体，为用户打造前所未有的知识探索与获取体验。

自 1994 年互联网接入以来，图书馆的转型便悄然启动。这一转型在 2004 年迎来了一个关键节点，即数字图书馆计划的正式实施。在这一时期，多媒体资源引入图书馆，不仅极大地丰富了信息资源的形态，还推动了国家数字图书馆、高校及国家科技图书文献中心（NSTL）项目的开展，标志着图书馆正逐步向数字化、多媒体化的方向迈进。近年来，随着大数据技术的发展，图书馆又迎来了一次深刻的变革，即正式步入智慧图书馆的新时期。在这一背景下，图书馆纷纷引进智能化服务的新模式，其中最引人注目的是机器人技术的广泛应用。越来越多的机器人开始承担图书馆的日常运营和服务工作，这一变化不仅提高了服务效率，还为图书馆用户带来了全新的服务体验。互联网、数字图书馆计划与大数据技术等对图书馆的发展产生了深远的影响。预计未来 10～15 年，这种影响将愈发显著，图书馆将持续在科技的推动下，不断探索创新服务模式以适应信息时代的需求。

智慧图书馆的市场规模超乎想象。在未来 5～10 年的时间跨度内，智慧图书馆体系将步入一个日臻成熟的发展阶段。在此期间，公共文化服务将广泛覆盖全国图书馆，线上服务与线下体验之间的融合将更加深入。在规划图书馆发展的核心战略时，必须基于各区域图书馆的现状及地域的特点与需求，灵活选择并实施多元化的发展战略。

当前，我国正处于智慧图书馆建设的快速推进阶段，全国范围内已有 34 个省级行政区着手构建智慧体系，各级图书馆协同工作正逐步展开。鉴于智慧图书馆的发展需求与广阔前景，国家层面已出台了众多策略以引导智慧图书馆健康发展。“互联网 +”战略的深入实施，为图书馆行业带来了深刻的变革，推动了图书馆向数字化、智能化的方向加速迈进。智慧图书馆正逐步成为社会各界关注的焦点。智慧图书馆依托前沿科技，有效打破了时空限制，为读者提供了更加高效、灵活、个性化的服务体验。从当前的发展态势来看，智慧图书馆拥有巨大的发展潜力与广阔的市场空间。

## 二、智慧图书馆的特征

智慧图书馆具有四大核心特征，即全面感知、互联互通、绿色发展、智慧管理与服务。其中，全面感知与互联互通构成了智慧图书馆服务与管理的重要技术基石；绿色发展作为智慧图书馆的又一重要特征，体现了其对环境保护和社会责任的深刻认识，为图书馆的长期发展奠定了坚实基础；智慧管理与服务作为智慧图书馆建设的终极目标与鲜明标志，体现了智慧图书馆在技术与人文融合方面的卓越成就。这些智慧化的管理与服务举措不仅大幅提升了用户体验，也为图书馆行业的创新发展树立了标杆。

### （一）全面感知

在智慧图书馆的建设进程中，物联网技术及其配套的智能感知设备扮演着至关重要的角色，它们共同促进了图书馆服务与管理向全面感知方向的转型。全面感知分为资源感知、人员感知、环境感知和服务质量感知。

1. 资源感知

资源感知可分为对馆内设备及纸质文献资源的感知，以及对数字资源的感知。

（1）对馆内设备及纸质文献资源的感知

对图书馆内部各类设备及海量纸质文献资源全面感知的过程中，物联网技术是核心支撑力量。该过程主要依赖于一系列精密的软硬件技术，包括射频识别、红外线感应装置等。这些技术遵循特定的网络协议，将馆内设备与纸质文献资源无缝接入网络，构建起一个高度互联的信息环境。通过物联网技术的应用，图书馆不仅能够实现对设备和纸质文献资源的精确识别，还能够对其进行实时定位、动态跟踪、高效管理，这一系列智能化操作为用户提供了更为便捷、精准的图书检索与借阅服务。

（2）对数字资源的感知

在搜索引擎技术持续演进与提升的背景下，智慧图书馆建设面临着一项至关重要的考量：如何确保读者在浩瀚的信息海洋中精准定位并获取其所需的资源，进而显著提高资源检索效率。通过数据整合建立大数据分析平台，智慧图书馆采用智能搜索算法，或许这是让读者快速“感知”数字资源的有效捷径。

2. 人员感知

人员感知可分为对读者的感知和对馆员的感知。

（1）对读者的感知

读者的感知涵盖两个维度：一是对读者本身的感知，二是对读者偏好与需求状况的感知。对读者本身的感知，可通过个体位置追踪、馆内智能导航地图等方式得以实现；对读者偏好及需求状况的感知，可依赖先进技术，根据读者个人信息（年龄、专业、爱好等）和借阅信息等大数据，建立读者的资源喜好画像，借助这些技术手段，有效实现对读者需求的深度感知，并据此将相关资源精准推送至有需求的读者手中。

（2）对馆员的感知

智慧图书馆阶段的很多服务虽实现了智能化、自动化，但馆员的作用仍不可或缺，只是需要从职能型向服务型和专业型转变，以便更好地为读者提供服务。智慧图书馆会对馆员工作的各个方面进行感知、定位，并致力于将这些信息与读者感知深度融合，以先进的智能寻呼系统作为媒介，来有效联结两者，馆员就能够更快地响应读者的咨询和需求，实现有效的交流和沟通。

3. 环境感知

图书馆藏书众多，人员集聚，是一个需要加强安全保护的重要场所，尤其消防方面的防护更是重中之重。从馆藏文物保护的视角出发，对图书馆而言，准确感知并监测环境适宜度至关重要。尤其在藏有古籍善本或珍稀文献的图书馆中，构建一套以物联网技术为基础的图书馆智慧环境管理系统特别重要。该系统须具备监测馆藏环境参数的能力，并能够依据预设条件改善环境状况，以确保馆藏文献的妥善保存。

在智慧图书馆发展阶段，图书馆通过集成多种高精度的传感器，实现了对馆内环境全方位、智能化的感知与管理。感知与管理系统能够即时触发通风消毒机制，确保馆内空气洁净无害。同时，该系统还能精确感知并调控馆内的温度与湿度，有效预防潮湿与虫害问题，为读者营造一个更健康、舒适的阅读空间。此外，智慧图书馆还配备了先进的消防安保系统，这一系统不仅在常规运营中发挥着重要的安全保障作用，更在紧急情况下展现出不可或缺的价值。通过智能识别与分析，该系统能够迅速响应，为工作人员提供准确的疏散指引，有效协助馆内人员安全、有序地撤离至安全区域，从而最大限度地减少灾害带来的潜在风险与损失。

4. 服务质量感知

图书馆用户的服务质量感知，是指用户在使用图书馆服务过程中，对服务形成的主观评价。具体来说，图书馆用户的服务质量感知是用户在访问图书馆前，对图书馆服务的期望与他们实际体验到的服务之间进行对比后，形成的满意或不满的感受。智慧图书馆建设的根本目的就是更好地为用户提供服务，所以说用户服务质量感知的数据非常重要，甚至可以用来评价智慧图书馆建设的水平。服务作为图书馆的核心要素，始终占据着举足轻重的地位。图书馆一直以来都致力于追求卓越的服务体验和用户感受，这一愿景已成为图书馆事业不断前行的强大动力。在智慧图书馆服务模式下，图书馆能够充分应用尖端科技手段，对用户服务质量进行全面且深入的感知。具体而言，图书馆可以通过多种渠道和方式，如用户调研、问卷调查、在线评价等，广泛收集并整理用户服务质量感知数据。这些数据涵盖了用户对图书馆服务各个方面的反馈与意见，包括服务效率、服务态度、服务创新等多个维度。通过对这些数据的细致分析与综合评估，图书馆能够准确把握用户的需求与期望，从而有针对性地提高服务质量。

### （二）互联互通

智慧图书馆体系中的互联互通机制，旨在借助先进的技术，构建读者、知识资源、图书馆无缝衔接的智能网络，进而促进知识的广泛共享与高效流通。这一机制的核心在于，图书馆工作人员运用智能管理手段，对庞大的知识库进行精准且高效的运维。这不仅使图书馆能够迅速、准确地捕捉并响应用户的知识需求，还能极大地提升服务效率与质量，为读者带来更便捷、高效的阅读体验，有效降低时间成本。互联互通主要有泛在化、聚合化、协同化三个特征。

1. 泛在化

图书馆的“泛在化”是指图书馆无处不在，包含即时获取图书馆服务、按需获取图书馆服务，以及任何人都能获取图书馆服务等。泛在图书馆理念的实践，体现了图书馆的服务本质和社会使命，尤其在智慧图书馆阶段，图书馆服务更应泛在化。在信息爆炸的时代背景下，“泛在化”的理念犹如一股清流，为读者带来了前所未有的便捷与高效服务。这一理念的核心是实现信息资源的全面覆盖与无缝衔接，确保读者不论何时、不论身处何地，均能轻松获取他们所需的信息。

（1）时间方面

在一般情况下，传统图书馆需要遵循既定的开馆与闭馆时间表。然而，随着技术的进步，尤其是网络技术的广泛应用，图书馆已能跨越物理界限，实现24小时不间断的在线开放。步入智慧图书馆的新纪元，这一服务模式得到了进一步的发展与深化，用户不再受限于图书馆的实体开放时间，而是能够在任何他们觉得方便的时间，通过网络平台即时访问图书馆资源并接受图书馆的在线服务，进一步强化了图书馆作为知识服务中心的功能。

（2）地域方面

在广泛覆盖的互联网及其他先进通信网络的有力支撑下，用户能够在任何具备网络连接条件的地方，借助多样化的终端设备，轻松获取图书馆丰富的资源，并充分利用图书馆的各项服务。智慧图书馆赋予了图书馆前所未有的时空延展性，使用户能够深切感受到图书馆无处不在。这种模式的推广与应用，极大地提升了图书馆资源的可获取性和服务的便捷性，真正意义上将图书馆转变为用户日常生活中不可或缺的、始终伴随其左右的知识宝库。

（3）终端方面

智慧图书馆利用互联网提供的服务可以支持多种终端设备，用户可以使用台式机、笔记本电脑，也可以使用智能手机、平板电脑、掌上电脑等装置或设备，最大限度地获取图书馆提供的各种服务。

2. 聚合化

各图书馆之间已成功构建的应用集成框架涵盖了跨部门的信息共享平台，确保了信息的无障碍流通，实现了跨库网的转换互通，使不同数据库与网络资源无缝衔接，促进了跨媒体的有机融合，为多元化信息资源的整合提供了有力支持，建立了跨馆际的物流速递网络，极大地加快了图书与文献资料的传递效率。这一系列举措使信息资源在极为广泛的范围内实现了高效聚合。

图书馆依托信息技术，积极构建地区性、行业性合作模式。这不仅有效避免了重复建设与资源浪费，还高效聚合了资金、人力、物力等各类信息资源，进而形成了显著的规模效应。

3. 协同化

智慧图书馆作为一种新兴的图书馆服务模式，充分利用了信息网络技术的优势，为用户与馆员提供了一个动态性强、交互性强的协同平台。用户之间通过该平台可协同阅读、学习、研究或工作，同时，用户和馆员之间也可以使用该平台进行读者问答、参考咨询等，这样一来，用户与馆员不再受限于时间和空间约束，而是能够通过先进的网络技术进行即时的沟通与协作。

此外，智慧图书馆还实现了信息资源的实时协同更新。依托共享数据中心平台，各个系统之间的数据库实现了紧密连接与无缝对接。某一系统的数据库发生更新，其他系统能够迅速感知并同步更新内容，确保信息资源的时效性和准确性。更进一步地，智慧图书馆的互联互通特性使信息资源的变化能够产生广泛的影响。当一个智慧图书馆的信息资源发生变化时，与之互联互通的智慧图书馆均能及时感知到这一变化，并在其检索系统中进行相应的调整，从而确保用户能够获取最新、最准确的信息资源。

### （三）绿色发展

绿色图书馆是指在建筑的全生命周期内，实施一系列有效措施，同时显著降低环境负荷，促进节能减排，为读者营造一个健康的学习空间。在设计阶段，该理念强调几个核心策略：首先，谨慎选择图书馆的建设地点，优先考虑对自然生态系统干扰最小、便于利用既有自然资源（如日光、自然通风）且交通便利的位置，以此作为构建绿色图书馆的基础。其次，广泛采用天然建筑材料与可生物降解产品，这些材料不仅在生产、使用及废弃阶段对环境影响较小，还能有效提升建筑的环保性能，从源头上节约资源，减轻环境压力。最后，实施废物管理策略，包括垃圾分类、回收利用、采用低碳或零废弃的设计方案，确保图书馆在运营过程中产生的废弃物能够得到妥善处理，从而减少环境污染。总之，要尽可能创造一个有利于读者身心健康与学习效率提升的优质绿色图书馆空间。

图书馆是以服务为宗旨的公共文化设施，是硬件设施和软件设施相统一的有机体。为此，绿色图书馆的整体构建要素应当包括概念、建筑，以及相关配套设施、资源与信息系统、节能管理与低碳服务等常态化项目。环境审计、认证标准与政策是绿色图书馆运营与发展的促进要素。

在智慧图书馆时代，将绿色发展理念融入图书馆的战略规划，是加速图书馆发展的必要举措。智慧图书馆秉承可持续发展的核心理念，不仅强调资源的高效利用与环境的低负担，还积极应用无污染的运营模式。这一模式侧重开采与挖掘自然资源，致力于维持生态环境的平衡与稳定。在此基础上，智慧图书馆进一步追求人文精神的彰显、自然环境的和谐共生，以及读者健康体验的提升，旨在构建一个集人文关怀、自然融合与健康促进于一体的综合性知识空间。

在探讨智慧图书馆构建的基础框架时，从硬件与软件两个维度进行深入分析尤为重要。就硬件设施而言，智慧图书馆的构建着重体现在采用节能环保设计的建筑物上，这些建筑不仅体现了对环境的尊重，还致力于创造内外兼修的美学空间。此外，先进的设备配置也是硬件设施建设的核心要素，这些设备共同支撑起图书馆高效、绿色的运营体系。软件设施建设核心聚焦于一系列绿色理念的推广与实践，这些理念包括科学发展观、可持续发展观、和谐发展观等。智慧图书馆在日常运营中积极贯彻这些理念，不仅彰显了图书馆作为知识殿堂的社会责任，还促进了图书馆内部管理与服务的持续优化与升级。

### （四）智慧服务与管理

智慧图书馆在其智慧服务与管理体系的构建中，秉承了“以人为本”的指导思想，致力于实现资源的深度整合与优化配置。通过立体互联机制，智慧图书馆成功突破了时空界限，构建了一个无界的知识共享平台。在此基础上，图书馆依托多元化的知识服务路径，如数字资源、智能推荐系统、虚拟参考咨询等，旨在为读者群体提供便捷的智慧服务体验。智慧图书馆通过引入先进的管理技术和工具，如自动化工作流程、智能化任务分配系统等，为馆员创造了更加舒适、高效的工作环境。对于管理者而言，智慧图书馆则提供了全面、精准的数据支持与分析功能，助力其进行智慧决策。总而言之，智慧服务与管理作为智慧图书馆的核心特征，不仅体现了图书馆对读者、馆员及图书馆管理者需求的深刻洞察与积极响应，更展现了图书馆在数字化时代的创新活力与发展潜力。

1. 智慧服务

智慧服务在智慧图书馆的建设与发展中扮演核心角色，其指导思想聚焦于用户的智慧生成，旨在通过一系列策略与措施，积极提升用户运用与创新知识的能力。智慧图书馆秉持的服务理念，深刻体现了人本主义思想，将读者的需求置于服务设计首位，力求实现便民、利民、服务于民的目标。智慧服务代表着图书馆服务模式的又一次飞跃，即自然演进与高级形态。智慧图书馆要想真正实现智慧服务的愿景，必须具备一系列关键特性，包括高度的智慧化水平、开放的公共性、高效的管理集群机制等。这些特性的融合构成了智慧图书馆实现智慧服务的基础框架。智慧图书馆对读者的智慧服务体现在五个方面，分别是服务场所泛在化、服务空间虚拟化、服务手段智能化、服务方式集成化、服务内容知识化。

（1）服务场所泛在化

在科技发展的浪潮中，图书馆正经历着前所未有的变革，其核心是物联网和先进通信技术的深度融合与应用。这一变革为构建一个集实体与虚拟于一体的智慧感知空间提供了可能。这个空间不仅促进了馆际的互联互通，还极大地丰富了人与人、人与书籍，以及书籍与书籍之间的多维度关联，实现了服务在感知空间上的进一步优化，更在深层次上推动了图书馆功能的转型升级。

（2）服务空间虚拟化

图书馆通过引入虚拟现实和增强现实技术，建立了具有虚拟现实功能的网络空间，从而拓展了图书馆的虚拟空间。

（3）服务手段智能化

高度智能化是智慧图书馆的特征之一，图书馆应该为用户提供更多的智能化服务。例如，通过大数据和人工智能等技术对用户进行画像，智慧图书馆了解每位用户的个性化需求，进而有针对性地提供服务。

（4）服务方式集成化

物联网技术可将图书馆纸质资源、人员和设备等要素整合、联系起来，形成一个网状互联的图书馆集成系统。另外，通过对图书馆各个信息系统进行集成和整合，可以建立统一的图书馆信息门户，对所有资源的访问和查询实现一键即达，从而使用户在最短的时间内能够用最小的成本获得所需要的资源和服务。

（5）服务内容知识化

图书馆运用数据挖掘和大数据分析等技术，可以从海量数据中挖掘知识，并将其转换为知识产品提供给用户使用。例如，智慧图书馆通过分析借阅数据，可以得出某本书的受欢迎程度，或确定它适合哪个专业领域的初学者，然后将这些分析结果整理成易于用户理解和使用的知识产品，如推荐列表、阅读指南等，从而更好地服务于用户。

2. 智慧管理

在智慧图书馆范畴内，智慧管理维度的构建可以细分为两大核心组件：一是面向馆员实施的智慧化管理策略，二是为管理者及决策层提供的智慧决策支持系统。这两大核心组件共同构成了智慧图书馆高效运作的基石。

无论图书馆经历何种形态的演变，馆员作为图书馆日常运营的核心力量，其角色的重要性始终不变。因此，为馆员配备智慧管理工具，不仅是推动智慧图书馆智能化运行的关键举措，也是图书馆服务质量和效率的重要保障。智慧管理的范畴涵盖图书馆的各个方面，如纸质文献资源管理、建筑结构维护、阅览室与书库日常运营、安全消防系统布控，以及整体环境日常保护等。一个全面且高效的智慧图书馆系统，应具备上述精细化、智能化管理能力。具体而言，这一系统需整合各类专用传感节点，这些节点如同智能触角般遍布图书馆的每一个角落，实时监测包括环境参数、设备状态、人流密度等在内的多样化信息。随后，这些信息将被输送至智慧图书馆的综合处理系统，该系统运用先进的数据分析算法和人工智能技术，对海量信息进行深度挖掘与综合分析，从而对图书馆管理流程进行智能化调控与优化。

除了对馆员的智慧化管理，智慧图书馆还为管理者提供智慧决策。一般说来，图书馆的管理者在日常工作中面临很多的决策，涉及人事、馆舍、采购、阅览、经费、咨询、设备等。在当今生产力发展格局中，大数据作为一项核心构成要素，蕴含着丰富的战略资源与潜在价值。这些资源对于推动图书馆服务内容创新发展、行业转型，以及提升市场竞争力至关重要，能够助力图书馆在服务策略的制定上更加科学、合理。

在大数据时代，图书馆为了有效地利用大数据的价值，为管理者提供辅助决策的服务，可以将数据挖掘、人工智能等技术作为发现大数据价值的工具，从大量数据中发现有用的知识。大数据来源于图书馆业务系统和其他信息系统，这些系统积累了大量关于人才、资源、空间、设备、管理、服务等方面的数据，研究如何有效地将数据挖掘应用于图书馆，将数据转化为知识，从而更好地为读者服务，为管理者提供辅助决策服务，是数据挖掘专家、图书馆工作者的共同责任。

3. 高效快捷

高效服务是图书馆智慧服务的基础，高效化的图书馆智慧服务能够提高图书馆服务的效率，快速、便捷是图书馆智慧服务为读者提供优质服务的保障。例如，射频识别技术（Radio Frequency Identification，REID）、传感技术、全球定位系统（GPS）、移动通信技术等，使自助借还书籍、智能预约座位、移动图书馆等功能得以实现，更加方便用户的使用。

## 三、智慧图书馆的功能

智慧图书馆的功能与其定义和特点密不可分，主要分为以下两个方面：一是图书馆的管理功能，智慧图书馆提供全新的智慧化管理模式；二是图书馆的服务功能，智慧图书馆的服务模式是智能化、泛在化和个性化的。

### （一）智慧管理功能

物联网是指通过射频识别技术、传感技术、智能嵌入技术、全球定位系统、激光扫描器等信息设备，按照约定协议，将任何物品与互联网连接，实现物品标识、感知信息处理、交换和通信，实现对物品及物物之间智能化识别、定位、跟踪、监控和管理的一种网络。简而言之，物联网就是“物与物相连的网络”或“物体的互联网”。智慧图书馆的智慧管理功能主要是通过物联网实现的，智慧管理分为对人的管理、对图书的管理、对图书馆资产的管理等方面。

1. 对人的智慧管理

对人的智慧管理包括对馆员的管理和对用户的管理，主要通过身份识别技术来管理。例如，馆员和用户均需要办理一张存有个人信息的一卡通卡片（卡片也可以内置到手机中）。此卡集图书馆借阅及占座、校园消费、教学楼和宿舍门禁系统等多种功能于一体。图书馆在门禁处安装感应器或接收器，此装置与校园卡管理系统和图书馆管理系统相连接，馆员及用户须持有一卡通卡片作为通行凭证。

当持卡人靠近门禁区域时，内置的接收器能够迅速识别卡片信息，并据此启动放行机制。与此同时，系统会实时捕捉通行人员的相关信息，随后将这些数据无缝传输至图书馆的管理系统。图书馆管理系统在接收到这些数据后，凭借高度自动化的处理技术，能够即时生成详细的进出馆人员信息表。这些报表不仅记录了人员的进出行踪，还进一步统计了各类人员（如学生、教职工、访客等）每日进出的频次。这样的统计结果对分析图书馆的使用情况、优化服务安排具有极高的参考价值。值得一提的是，图书馆内部部署了充足的接收器，确保无论在哪个区域，人员的进出动态都能被精准捕捉并被录入系统。此系统有助于对图书馆人员进行管理，并积累详细数据，以供图书馆管理层和馆员使用。

2. 对图书的智慧管理

对图书的智慧管理主要依靠植入芯片技术和 RFID（射频识别）实现。以往，图书都是依据图书馆分类法，依靠人工来进行分类排架、查找等管理工作，由于高校师生人数众多，用户借阅图书量大，馆员需要经常对书架进行整理，这对图书借阅部门的馆员来说是一项比较重的任务，同时降低了图书流通效率。依靠芯片技术和 RFID 技术，馆员可以将不同出版社图书的基本信息植入芯片中，并通过此芯片进行智能化管理。此项技术可以带来很多便利：一是植入芯片可以省去繁杂的图书信息编辑工作；二是清点图书更为简便，只需要用扫描设备在书架上依次扫描，人们对于书目信息就能一目了然，此项技术大幅缩短了清点工作所需的时间；三是方便用户查找所需书籍，以往用户借阅图书需要先查该书的索书号，再去对应的书架找书，现在利用 RFID 技术，用户可以手持扫描设备很快找到所需的图书；四是方便馆员顺架和进行图书归位，开放式借阅导致图书的顺序比较混乱，馆员需定期对书架进行整理，在智慧图书馆中，只需在阅读器中输入要检查的号码段或书名等，然后沿着书架依次扫描，一旦发现排架错误或找到所要的书刊时，设备便会立刻声光报警，这使查找工作变得非常方便，还能显著降低错架乱架率。馆员能在不影响正常工作的情况下完成顺架工作，减少失误，大大提高书刊整架归位的速度。

3. 对图书馆资产的智能管理

图书馆资产种类繁多、门类复杂，管理难度较大。在以前，图书馆资产流失情况偶有发生。如果将图书馆资产都植入芯片，并在门禁处设置电子识别器，借助管理系统，则可以防止图书馆资产的流失。如果加上网络视频监控系统，馆员就可以有效管控国有资产，防止图书馆的固定资产和图书的流失。

### （二）智慧服务功能

智慧图书馆的智慧服务分为一般性服务和深度服务。一般性服务指图书馆的基础服务，如借还书服务、空间服务（教师和学生利用图书馆空间来学习和研讨等）等；深度服务指馆员运用所学的专业知识，结合用户的需求提供的更深层次服务，一般包括知识服务、高级参考咨询服务和情报服务等。智慧图书馆的深度服务功能将在后面的章节详细描述，此处仅探讨智慧图书馆的一般性服务功能。

智慧服务的一般性服务通常包括借还书服务和空间服务。

1. 智慧性的借还书服务

传统的图书借还服务主要依靠人工完成，即读者到借阅部门借书或还书。通过智慧图书馆，读者可以实现自助借还图书。例如，读者可通过高度自动化的设备——自助借还机，便捷地完成图书的借阅与归还流程。具体而言，读者仅需将个人的有效借书证和借阅的书籍放置在自助借还机指定的感应区域内，自助借还系统随即启动先进的识别技术。这一过程依托于与图书馆内部自动化借阅系统的无缝对接，通过精确的信息比对与验证，借书操作即刻宣告完成。同样，归还图书时，读者亦能享受自助服务带来的便利，只需遵循指示将图书投入指定槽口。随后，自助借还机就会自动打印出还书凭条，作为交易完成的证明。在此过程中，系统会实时捕获并更新馆藏图书的状态，同时向中心管理系统发送通知，以确保图书信息和读者借阅记录的同步更新。自助借还机还具备高效处理多本图书同时借还的能力，这极大地提升了图书流通的效率。更为关键的是，该设备提供全天候的服务，无论是白天还是夜晚，读者都能随时根据自己的需求进行图书的借阅与归还，不用受限于图书馆的人工服务时间。上述自动化流程的引入，不仅使读者的借阅体验得到了显著提升，还使图书馆工作人员的工作压力与负担相应减轻。自助借还机的广泛应用，能有效减少借阅与归还图书的时间成本，使图书馆的整体服务水平迈上了新的台阶。

2. 智慧性的空间服务

空间服务主要集中于图书馆的阅览室和部分图书馆设立的自习室，对于图书馆空间的管理，主要依靠引入智能占座系统来实现。例如，某智能占座系统的操作过程为：读者拿着智能卡靠近指定的刷卡区域，系统界面会即刻呈现两个清晰的选项——“常用座位选择”与“本次座位选定”。一旦读者根据个人需求完成了座位的选择，那么系统会打印并迅速输出一张包含详尽信息的座位票据。该票据上明确标注了座位的唯一代码、在图书馆内的具体位置，以及用于验证身份的学生卡卡号等关键信息，为读者提供明确的指引和保障。读者在离开图书馆时，再次刷卡即可触发座位状态的更新流程。此时系统会提示读者选择“暂离”或“本次离开”。“暂离”选项允许读者保留座位一段时间（如预设 45 分钟，此时间可根据实际情况调整），以满足短暂的离开需求，如用餐或上洗手间等。而“本次离开”选项则意味着读者彻底离开座位，可供其他读者使用，有效提高了座位资源的利用效率和公平性。随着网络的发展，图书馆占座系统也可以覆盖手机终端，用户利用手机可以实现在终端机上的所有操作，足不出户便可以享受选座功能；此系统还可以自行设置规则，避免出现漏洞或其他不符合规范的行为，在方便了图书馆管理的同时，又最大限度地为用户使用图书馆空间提供了便利。

## 第二节　智慧图书馆的资源建设

### 一、智慧图书馆的印本资源建设

#### （一）印本资源类型

智慧图书馆的印本资源主要包括图书、报纸、工具书、学位论文、会议资料等。图书是印本资源的主要组成部分，在馆藏资源中占据了绝大部分体量，也是除数字资源，获得资源建设经费最多的资源类型。报纸的出版频率高，大部分报纸为一天一期，其信息的新颖程度极高，内容以新闻动态类信息为主，也有部分报纸为休闲娱乐类，旨在丰富读者的业余文化生活。工具书是研究学科或领域必不可少的工具类书籍，一般为学校或科研机构的教学科研活动所使用，在图书馆馆藏中使用频率较低，但学术价值很高。大部分高校图书馆具有保存本校学位论文的功能，学位论文具有较高的学术价值，尤其是硕士学位论文、博士学位论文，体现了学生在研究生阶段的学术研究水平，一般学位论文会花费1～3年的时间来完成。会议资料是在学术交流会议上用于学术讨论、交流的资料和文献的总称，会议资料一般内容新颖，传递信息比较及时，学术价值比较高。除此以外，一些图书馆的印本资源还包括专利文献、标准文献等特种文献，它们也具有较高的收藏和学术价值。

1. 图书

（1）图书的定义

图书有广义和狭义之分。在实际生活中，当探讨“图书馆”与“图书情报工作”等领域的核心概念时，“图书”一词涵盖了各类形式的阅读材料，不仅包括历史悠久的甲骨文、珍贵的金石拓片等，还囊括了社会上流传的各类书刊、报纸，乃至近年来兴起的声像资料、缩微胶片等现代科技产物。这些多样化的载体共同构成了“广义”的图书概念。然而，在图书馆及情报机构的日常工作中，对“图书”的理解与处理则需更为精细地区分。专业人员往往需要将图书与期刊、报纸、科技报告等多种信息载体置于同一讨论框架内进行比较与考量，同时，又需要明确它们之间的界限与差异。在此情境下，“图书”一词所涵盖的范围便显著缩减，属于狭义的概念。

联合国教科文组织对“图书”这一概念进行了明确的界定。具体而言，图书是指由出版社或出版商正式出版的，除去封面与封底，内容页数达到或超过四十九页的印刷品。此类出版物须具备明确的书名及作者署名，同时需编配国际标准书号（ISBN），以确保出版物在全球范围内的唯一性与可识别性。此外，图书还需设有相应的市场价格，并获取版权保护，以维护作者的创作权益和出版物的合法流通。总之，只有符合上述各项标准的出版物方可被认定为图书。

图书旨在传播知识，是系统地记录承载于特定介质之上的知识载体，不仅承载着历史文化的积淀，还在知识传播与创新中扮演着关键角色，且随着时代的发展而不断演进，展现出一种动态的、持续发展的知识传播特性。

（2）构成图书的要素

自竹木简牍时代至如今形态多样的图书载体，尽管图书在呈现形式与内涵上历经了沧桑巨变，但通过细致的审视与剖析，我们不难发现，这些图书载体均包含以下四个核心要素：①必须承载有待传播的知识信息。②具备记录知识的文字、图像信号。③拥有记载文字、图像信号的物质载体。④在一定的生产技术和工艺下产生。

（3）图书的类型

图书按学科可分为社会科学图书和自然科学图书，按文种可分为中文图书和外文图书，按用途可分为普通图书和工具书。

（4）图书的特点

与其他出版物相比，图书的特点包括：内容比较系统、全面、成熟且可靠；出版周期较长，信息传递速度较慢。

2. 报纸

报纸作为一种定期面向公众发行的信息媒介，其核心内容聚焦于新闻报道与时事评论。作为大众传播领域的关键载体，报纸扮演着至关重要的角色，不仅承载着广泛传播信息的任务，还具备引导社会舆论走向的独特功能。

（1）职能

基于不同的观察视角，人们对报纸的职能会产生多样化的见解。例如，从政党机关报的视角来看，报纸的职能正如毛泽东主席所述般明确："报纸的作用和力量，就在它能使党的纲领路线、方针政策、工作任务和工作方法，最迅速最广泛地同群众见面。"[①] 法国新闻学界权威贝尔纳·瓦耶纳对报纸职能的归纳，在业界获得了普遍认可。他将报纸职能主要划分为三大方面：首先是报道职能，即传递新闻信息；其次是辩论职能，也就是表达各种观点的功能；最后是具备娱乐职能，以满足读者的多元化需求。

（2）优点

报纸的优点包括：①可随时阅读，不受时间限制。②可互相传阅，实现读者数量可以是印刷数量的几倍。③即使阅读或理解能力较弱的人，亦能多花费一些时间，慢慢理解和吸收报纸上的信息。

（3）缺点

报纸的缺点包括：①受截稿及出版因素影响，不能提供最新资讯，且无法及时更正信息。②纸张过多造成携带及传阅的不便。③与在电视、电台的影音片段

① 毛泽东．毛泽东新闻工作文选 [M]. 北京：新华出版社，1983.

相比，其图片和文字的震撼力和感染力比较低。④读者阅读时容易沾染油墨污渍。

3. 学位论文

学位论文是指学位候选人在申请相应学术层级学位时，必须提交并完成的学术著作。依据所追求的目标学位的差异，学位论文可明确划分为学士论文、硕士论文与博士论文三大类。

在学术研究的范畴内，学位论文依据所采用的研究方法，可被严谨地划分为理论型、实验型与描述型三大类。此分类体系不仅体现了研究路径的多样性，也深刻揭示了不同学术探索活动的本质特征。理论型学位论文作为学术探索的一种高级形式，主要依赖深入的理论分析和精密的数学推理等研究方法。这类论文通过构建逻辑严密的理论框架，运用抽象思维与数学工具，对既定问题进行系统性剖析，从而获取具有普遍意义的理论成果。实验型学位论文侧重于通过精心设计的实验方案，运用实验方法进行实证研究，以直接观测或测量数据为基础，探索科学规律与现象的本质。实验型学位论文通常会通过控制变量、设置对照组等手段，有效验证理论假设，揭示事物之间的因果关系，为科学知识的积累与理论的修正提供实证支持。描述型学位论文聚焦于对新发现的事物或现象进行详细描述、系统比较与深入说明，此类论文通过细致的观察、记录与分析，运用描述性语言与比较研究方法，揭示研究对象的独特性质、发展变化与内在规律。

依据其研究领域的差异，学位论文还可进一步细分为两大类：人文科学学术论文、自然科学与工程技术学术论文。尽管这两大类论文分属于不同的知识体系，但它们在文本结构上却展现出一定的共性，这体现了学术写作的基本规范与严谨性。无论属于哪一类别，学位论文均承载着深厚的学术价值，是学者及研究人员长期学习与探索的成果。

4. 特种文献

图书馆收藏的特种文献一般包括会议文献和专利文献。

（1）会议文献

会议文献指在学术会议上宣读或交流的论文及其他资料。在会议结束后，会议组织者通常会将这些会议文献结集出版，如会议录、会议论文集、会议论文汇编等。

（2）专利文献

从狭义角度而言，专利文献特指由专利行政部门所发布的各类专利出版资料，如专利说明书及权利要求书等核心文档。如果从广义层面理解，专利文献的范畴则更为宽泛，还涵盖了专利检索工具书、专利文件等。

### （二）智慧图书馆印本资源建设策略

1. 智慧图书馆馆藏管理的智慧化

在当前信息化与智能化同步发展的时代背景下，RFID 管理系统作为一项创新技术，为纸质资源的智慧化管理开辟了一条切实可行的路径。该系统巧妙地融合了物联网技术的精髓，完善了图书馆采编、排架等一系列管理流程，显著提升了管理效率与服务质量。当前，RFID 管理系统为图书馆内的每一册书都配备了电子标签，实现了书籍信息的即时采集与精准识别。

2. 智慧图书馆馆藏存储的智慧化

在当前图书馆运营实践中，物理空间的局限性与实体馆藏需求之间的矛盾日益凸显，促使人们去探寻更为高效的文献管理途径。远程存储作为一种创新的解决方案，正逐渐成为缓解这一矛盾的有效举措。该存储模式旨在构建分布式异地存储的系统，借助精细的存储设施承载并保存纸质文献资源，以减轻馆内实体书存储过多的压力。具体而言，远程合作存储允许各参与合作的图书馆共同投资并建设这一异地存储系统。各分馆所存放的文献资源的所有权仍归各馆所有，同时，各馆亦可根据自身需求与政策导向，选择资源存放方式。这一机制不仅确保了文献资源的有效利用，还促进了知识信息的广泛传播与交流。在读者服务方面，远程合作存储模式同样展现了其优势。各分馆的读者在遵守相关规定的前提下，有权访问本馆远程存储的文献资源，打破了地域限制，提升了文献资源的可获取性。随着智慧化的不断发展，图书馆也面临着新的挑战与机遇。在制定馆藏发展策略时，图书馆应明确自身的定位与方向，以更好地适应未来发展趋势。例如，部分图书馆可能更注重提供近期学术资源的获取服务，以满足科研人员及师生的即时需求；另一图书馆可能更多地承担长期保存低利用率文献资源的职能，为文化传承与学术部分研究提供了坚实保障。值得注意的是，未来智慧图书馆的走向并非一成不变。随着信息技术的不断进步与读者需求的日益多样化，传统图书馆作为纸质文献保存场所的角色正逐渐淡化，而交流中心、创新中心等多元化功能正逐渐成为智慧图书馆功能的重要组成部分。由此，我们可以合理预测，梳理馆内低利用率的纸质文献，并进行相应的空间与功能升级，这将是智慧图书馆未来发展的重要方向。

## 二、智慧图书馆多媒体资源建设

### （一）多媒体资源的内涵

在计算机领域，媒体有两层含义：其一，是传播信息的载体，如语言、文字、图像、视频、音频等；其二，是存储信息的载体，如只读存储器（Read-Only Memory, ROM）、随机存取存储器（Random Access Memory, RAM）、磁带、磁盘、光盘等。目前，主要的信息存储载体有只读光盘存储器（Compact Disc Read-Only Memory，CD-ROM）、影音光碟（Video Compact Disc，VCD）、网页等。

严格来讲，多媒体资源不算是一种资源类型，而是多种媒体资源的总称，一般包括文本、声音和图像等多种媒体形式。在计算机系统中，多媒体指组合两种或两种以上媒体的一种人机交互式信息交流和传播的媒体。多媒体使用的媒体形式包括文字、图片、声音、动画和影片，以及程式所提供的互动功能。

多媒体是超媒体系统中的子集，而超媒体系统是使用超链接构成的全球信息系统，全球信息系统是互联网使用传输控制协议 / 网际协议（Transmission Control Protocol/Internet Protocol，TCP/IP）和用户数据报协议 / 网际协议（User Datagram Protocol/Internet Protocol，UDP/IP）的应用系统。二维的多媒体网页使用超文本标记语言（Hyper Text Markup Language，HTML）、可扩展标记语言（Extensible Markup Language，XML）等语言编写；三维的多媒体网页使用 VRML（虚拟现实建模语言）等语言编写。在 20 世纪中后期，大部分的多媒体作品使用光盘发行，进入 21 世纪后，多媒体产品更多地通过互联网发行。

多媒体技术涉及面相当广泛，主要包括以下几个方面：一是音频技术，包括音频采样、压缩、合成及处理、语音识别等。二是视频技术，即视频数字化及处理。三是图像技术，即图像处理，图像及图形动态生成。四是图像压缩技术，即图像压缩、动态视频压缩。五是通信技术，即语音、视频、图像的传输。

多媒体技术涉及的内容主要包括以下几个方面：一是多媒体数据压缩，包括多模态转换、压缩编码。二是多媒体数据存储，即多媒体数据库。三是多媒体数据检索，即基于内容的图像检索、视频检索等。四是多媒体专用设备技术，包括多媒体专用芯片技术、多媒体专用输入输出技术。五是多媒体应用技术，包括计算机辅助教学（Computer-Aided Instruction，CAI）与远程教学、地理信息系统（Geographic Information System，GIS）与数字地球、多媒体远程监控等。

### （二）多媒体资源的独特价值

多媒体资源是图书馆文献资源体系不可或缺的部分，展现出其他传统文献难以企及的独特价值。具体而言，其价值主要包括以下几个关键维度：

第一，多媒体素材借助直观的声音与影像表现形式，生动地传达其蕴含的内容信息。在应用实践中，这些素材通过对视觉与听觉的双重刺激，有效地营造出特定的情感氛围，进而加深用户的认知。得益于其独特优势，多媒体素材能够精准地再现科学实验的流程，对科研成果的广泛普及起到了强有力的推动作用。同时，凭借其营造感情氛围的能力，多媒体素材赋予了艺术教学极强的表现力，显著提升了教学效能与教学感染力。

第二，人类认知依据其表达方式的不同，可划分为口传认知与文本认知两大类。口传认知具备独特的价值，能够传递诸多背景信息、详尽细节等要素，这些都是文本所难以涵盖的。在口传知识的保存方面，多媒体资源展现出了显著优势。

第三，在传统学术语境下，图书馆与其他信息知识系统的区别往往在于处理工作对象的差异。随着数字图书馆等新兴形态的兴起，这些原本形态各异的工作对象均被统一转化为多媒体数字资源的形态。这一转变使传统图书馆与博物馆、档案馆等在虚拟领域的界限日趋模糊。从另一维度审视，这一现象亦可被视为数字图书馆在信息空间及职能层面上的扩展与深化，其中，多媒体资源扮演着至关重要的角色。

### （三）智慧图书馆多媒体资源建设策略

#### 1. 冷静面对多媒体产品更新换代

多媒体产品既要保持与时代发展的同步性，又要避免盲目追逐潮流。一项新兴多媒体产品的问世，并不代表对以往产品功能的否定。例如，移动版数据库的兴起并未使PC版数据库用户群体显著缩减，二者在不同的受众范围内都发挥着不可或缺的作用。这主要是由于碎片化阅读与系统化阅读作为两种并行不悖的知识获取方式，共同构成了现代人复杂的信息消费模式。具体而言，当受众采用碎片化阅读模式时，他们往往倾向于选择移动平台的数据库以满足即时性、便捷性的信息需求；而当受众采用系统化阅读模式时，PC平台的数据库则凭借其丰富的资源储备和强大的信息处理能力而得到他们的青睐。因此，若仅因移动版数据库的普及而草率中止对PC版数据库的采购，无疑会对读者的系统化阅读体验造成不可忽视的负面影响。再以光盘介质的实体类多媒体资源为例，尽管这一形式已渐渐淡出大众的视野，但在特定场景下，仍有部分教师将其作为不可或缺的教学辅助手段。这一现象提示我们，在推进多媒体资源更新的过程中，应依据特定受众需求，持开放和包容的态度，寻找多样化的信息获取方式。

2. 利用网络环境提供的便利条件加强馆际合作

馆际合作作为一种高效的运营模式，在图书馆领域中具有显著的优势。首先，它加强了各图书馆之间的联系，让先进的管理理念与实践方法得到广泛传播与应用。通过这一途径，图书馆能够不断吸纳新知，优化服务流程，提升整体运营效能。其次，馆际合作实现了资源最大化利用。在信息时代背景下，馆藏资源的丰富度与多样性成为评判图书馆服务质量的重要指标之一。通过馆际的资源共享，各图书馆能够打破地域与馆藏的限制，为读者提供更加全面、深入的文献信息服务。此外，馆际合作在采购经费的优化方面也发挥了重要作用。借助图书馆联盟的力量，各成员馆能够联合起来，以更大的议价能力拿到最低的采购价格。通过与院系分馆等机构合作，图书馆能够在保证馆藏质量的同时，有效降低采购成本，实现资源的合理配置与高效利用。在网络环境日益成熟的今天，馆际合作变得更加便捷、高效。网络技术的应用打破了时空限制，使信息交流与服务协同成为可能。值得注意的是，在多媒体资源建设这一新兴领域，馆际合作模式的应用仍然相对有限。这既反映了当前图书馆界在多媒体资源建设方面面临的挑战与困境，也预示着馆际合作在未来拥有巨大的发展空间与潜力。因此，各图书馆应充分利用这一便利条件，进一步加强馆际合作，共同推动多媒体资源建设的高质量发展，为读者提供更加优质、便捷的文献信息服务。

3. 合理配置各种媒介的文献资源

为全面满足读者多样化的文献需求，图书馆需实现多媒体资源、纸质资源以及非多媒体电子资源之间的有效整合与互补，且整合应以学科为基本单元，旨在建设一个多维度的资源配置体系。虽从长远的发展视角看，纸质文献在图书馆中的占比可能会逐渐减少，但在短时间内，读者对纸质文献的需求并不会发生根本转变，因此，纸质文献在图书馆资源体系中仍非常重要。另外，电子资源中的非多媒体资源在图书馆资源中的地位正不断攀升。鉴于此，对于每一个学科领域，我们应仔细评估纸质资源、多媒体资源、非多媒体资源的分配比例，以实现资源配置的最优化。

## 三、智慧图书馆数字资源建设

### （一）数字资源的内涵

数字资源作为文献信息的一种重要展现形态，是计算机技术、通信技术、多媒体技术深度融合的产物。它构成了以数字形态为基础的信息资源集合体。就数据的架构与组织形式而言，数字资源涵盖了多元化的类型，具体包括数据库、电子图书、电子期刊、网页信息等。它们共同构成了一个丰富、多元且易于访问的信息生态系统。

1. 数据库

数据库是依据特定数据结构来收集、处理数据的系统，其历史可追溯到 60 多年前。随着科技的飞速进步与市场的不断演变，尤其是 20 世纪 90 年代以来，数据管理的范围已不再局限于单纯的存储与管理，而是逐步深化，旨在满足用户多元化的数据管理需求。这一转变标志着数据管理进入了一个全新的发展阶段。数据库的形态涵盖了从基础至高级的广泛范畴。在最低层级，数据库以简单的表格形式存在，用于存储各类基本数据。在高端应用层面则出现了能够高效处理海量数据的数据库系统。数据库系统在数据处理能力上有了质的飞跃，在各行各业中展现出了广泛的应用价值。

在信息化社会，充分有效地管理和利用各类信息资源，是进行科学研究和决策管理的前提条件。数据库技术是管理信息系统、办公自动化系统、决策支持系统等各类信息系统的核心部分，是进行科学研究和决策管理的重要技术手段。

数据库的基本结构分为三个层次，这三个层次体现了观察数据库的三种不同视角：以内模式为框架所组成的数据库叫物理数据库，以概念模式为框架所组成的数据库叫概念数据库，以外模式为框架所组成的数据库叫用户数据库。

第一，物理数据层：数据库的最内层，是物理存储设备上实际存储的数据的集合。这些数据是原始数据，是用户加工的对象，由按照内部模式描述的指令操作处理的位串、字符和字组成。

第二，概念数据层：数据库的中间一层，是数据库的整体逻辑表示，指出了每个数据的逻辑定义及数据间的逻辑联系，是存储记录的集合。它所涉及的是数据库所有对象的逻辑关系，是数据库管理员概念下的数据库，而不是它们的物理情况。

第三，用户数据层：用户所看到和使用的数据库，表示一个或一些特定用户使用的数据集合，即逻辑记录的集合。数据库不同层次之间的联系是通过映射进行转换的。

数据库作为一种高度结构化的数据组织形式，依据特定框架，将数据系统汇集与整合。其分类体系严谨，主要包括层次式数据库、网络式数据库、关系式数据库三大类型，每种类型均依据独特的数据结构来构建数据间的关联与层次。在信息技术的广阔领域中，计算机网络以其资源共享的显著特性而著称。当这一特性与数据共享技术有机融合时，便催生了一种全新的数据管理模式——网络数据库，亦即当前普及的在线数据库或 Web 数据库。网络数据库以其后台强大的数据库系统为基石，辅以精心设计的前台应用程序，用户仅需通过 Web 浏览器这一便捷界面，即可轻松检索数据。从应用层面角度来看，网络数据库呈现出一种以浏览器 / 服务器（B/S）架构为基础的交互型数据库形态，极大地提升了数据处理的效率与灵活性，使数据资源能够在更广泛的范围内实现共享。

网络信息资源指的是一种特殊形态的知识载体，它以电子数据为基石，将文字、图像、声音等不同类型的信息内容存储于光磁等非纸质媒介中。这些信息资源能够通过计算机、网络等设备被检索、传输，从而供用户查阅和使用。

在国际学术界，对于数据库的分类已有较为通用的方法，数据库可被划分为以下具有一定特征和特定用途的类型。这些类型的数据库涵盖了广泛的数据组织形式和应用场景，为研究和应用提供了坚实的基础。

（1）参考型数据库

参考型数据库作为一种引导用户至其他信息源以获取数据的媒介，亦被称作指示型数据库。此类数据库涵盖两大主要类别：书目数据库与指南数据库。书目数据库，即用来存储文摘、题录、目录等二次文献的数据库，亦被称为二次文献数据库。此类数据库在学术研究中占据着重要地位，不仅为用户提供丰富的文献线索，还极大地方便了文献检索过程。例如，美国化学文摘数据库便是书目数据库的佼佼者，涵盖了化学领域的广泛信息，为科研人员提供了宝贵的参考资源。指南数据库则专注于处理机构、人物、出版物、活动等数据信息，旨在为用户提供一个初步的了解框架，并引导用户从其他信息源中获得更为具体的信息。因此，指南数据库亦被称作指示性数据库。在实际应用中，指南数据库种类繁多，如人物传记数据库、产品数据库等，它们各自在特定领域中发挥着不可替代的作用。

（2）源数据库

源数据库是能够直接为用户提供原始资料或数据信息的资源载体，其特点是用户无须借助额外渠道，就能从中获取充分且全面的信息资源。依据不同的信息组织方式与内容特征，源数据库可被细分为以下几大类别：①数值数据库，指专门提供以数值方式表示数据的源数据库，如统计数据库。②文本—数值数据库，这一类型的数据库具备双重信息提供能力，既能呈现详尽的文本信息，又可包含精确的数值数据，能够为用户提供综合的信息支持。例如，产品市场报告数据库便是该类型数据库的典型代表，它通过整合文本分析及量化数据，为市场研究人员提供了丰富的信息素材。③全文数据库，这类数据库专注于存储并呈现完整的文献全文内容。期刊全文数据库作为全文数据库中的重要分支，广泛收录了各类学术期刊的完整文章，为学术研究者提供了便捷的文献检索与获取途径，极大地促进了学术知识的交流与传播。④术语数据库，存储名词术语信息、词语信息等的数据库，包括电子辞书。⑤多媒体数据库，一种存储文字、声音、图像、数值等信息，并对其进行一体化管理的数据库。

常用的中文数据库有中国知识基础设施工程、维普期刊资源整合服务平台、万方数据知识服务平台、北大法宝数据库、中国经济信息网等。常用的外文数据库有科学引文索引（Science Citation Index，SCI）、工程索引（Engineering Index，EI）、开放存取期刊目录（Directory Of Open Access Journals，DOAJ）、PubMed 等。

2. 电子图书

电子图书，亦称 e-book，是采用数字编码技术，将图像、文字、音频及视频等多种信息形态整合于磁性、光学或电子介质上的信息载体。此类图书通过计算机或具备相应功能的电子设备进行阅读，不仅便于用户访问，还赋予其可复制与广泛传播的特性，使之成为当代大众传播媒介的重要组成部分。

电子图书在诸多方面展现出与传统书籍相媲美的特性，充分彰显了数字化时代对传统阅读习惯的尊重与延续。具体而言，电子图书同样承载着丰富的信息资源，这体现在它们不仅含有一定规模的文字内容，还常常嵌入精致的彩页设计，以满足读者的多元化视觉需求。在编排布局上，电子图书严格遵循传统书籍的格式规范，从章节划分、页码设置到字体与行距的调整，都力求贴合读者的审美偏好，确保信息传递的流畅性与舒适度。进一步而言，电子图书的核心功能在于其通过阅读行为实现信息的有效传播。

电子图书作为一种新兴的书籍形态，也展现出诸多区别于传统书籍的特点。这些特点主要体现在：电子图书依赖于电子计算机提取信息，并将图像、内容呈现在屏幕上；电子图书融合文字、声音与视频等多种媒介形式，形成了独特的多媒体优势；电子图书支持高效的信息检索功能；电子图书易于复制，具备较高的成本效益；电子图书蕴含的信息量更为庞大，且应用路径更加多元化。

除此以外，电子书还具有以下特点：

第一，无纸化电子书不再依赖于纸张，而是用磁性存储介质取而代之。得益于磁性介质存储的高性能，一张 700MB 的光盘可存储的容量，相当于传统的 3 亿字的纸质图书，这大大减少了木材的消耗和空间的占用。

第二，多媒体电子书一般都不仅是纯文字，还添加了许多多媒体元素，如图像、声音、视频，在一定程度上丰富了知识的载体。

第三，多媒体电子书具有丰富性。由于互联网的快速发展，传统知识电子化速度也随之加快。基本上，除了比较专业的古代典籍，大部分传统书籍内容都上传到了互联网，这使电子图书读者有近乎无限的知识来源。

3. 电子期刊

电子期刊也称为电子出版物、网上出版物。广义而言，任何以电子形式存在的期刊均可称为电子期刊，涵盖通过联机网络可检索到的期刊和以只读光盘存储器形式发行的期刊。

电子期刊的类型有两种：一种是纸质期刊的电子化版本，另一种是直接在网络上发表的原生电子刊物。

网络出版的电子期刊在整个出版过程的各个环节均在网络环境中完成，全程无须依赖纸质媒介，这一特性使其与传统印刷型期刊存在显著差异。电子期刊依托先进科技，涉及光盘存储和网络通信等技术，经由信息技术专业人员精心设计，再结合现代检索技术，精准契合用户的信息需求。此类出版物采用文字、音频、视频等多种元素有机融合的模式，为读者提供了丰富的阅读体验。另外，电子期刊还融入了网络特色元素，进一步增强了互动性和时效性，在提升易读性和趣味性的同时，有效降低了成本。

与纸质期刊相比，电子期刊有独特的优势。首先，电子期刊是机读杂志，可以借助计算机惊人的运算速度和海量存储，极大地提高信息量。其次，借助计算机特有的查询功能，人们可以在信息的海洋中快速找寻自己所需内容。再次，电子期刊在内容的表现形式上是声、图、像并茂，人们不仅可以看到文字、图片，还可以听到各种音效，看到活动的影像。最后，电子期刊可以调动人们的多种感官感受。电子期刊具有极其方便的电子索引、随机注释功能，展现出信息时代的特征。

4. 网页信息

网页是网站不可或缺的组成部分，扮演着多样化网站应用承载者的角色。具体而言，网页是以 HTML 标签为核心的纯文本文件，其存储位置可以遍布全球任意计算机系统。作为万维网的一个组成“页面”，网页严格遵循超文本标记语言的格式规范，文件常见扩展名为“.html”或“.htm”。网页通常还会整合图像文件以展示视觉内容，并借助网页浏览器这一工具进行浏览与解析。

网页一般包括以下内容：

第一，文本：文本作为网页最为基础的信息载体，承担着信息传递的核心任务。无论是新闻资讯、产品描述，还是教育资料，网页信息几乎都以文本的形式呈现，为访问者提供了直观、明确的内容。

第二，图像：图像包括静态图像和动态图像。静态图像在页面中可能是光栅图形或矢量图形，通常为图形交换格式（Graphics Interchange Format，GIF）、图形档案格式（Joint Photographic Experts Group，JPEG）、流式网络图形格式（Portable Network Graphic，PNG）或矢量格式，如图形文件格式（Scalable Vector Graphics，SVG）；动态图像通常为 GIF 和 SVG 格式。

第三，Flash 动画：在网页设计中，Flash 动画以其独特的动态效果，吸引了访问者的注意力。它不仅能够为网页增添趣味元素，还能通过视觉上的冲击，引导访问者更加深入地探索网页内容，从而提升用户黏性。

第四，声音：声音是多媒体和视频网页不可或缺的部分，能为用户带来更加沉浸式的感官体验。无论是背景音乐、旁白解说，还是交互音效，声音元素的巧妙运用，都能让网页内容更加生动、有趣，进而增强用户的参与感。

第五，视频：通过视频，网页能够直观地展示产品功能、企业风采或教育内容。同时，视频的视觉冲击力与感染力，也有助于提升网页的吸引力。

第六，表格：在网页设计中，表格广泛应用于控制面板。通过表格，设计师能够清晰地划分网页内容，使其更加有序、易读。此外，表格还能够实现数据的对比、分类和统计，为用户提供更加便捷、高效的信息检索体验。

第七，导航栏：导航栏作为一组超链接集合，其链接的目的端通常是网页中的关键页面与功能区域。通过导航栏，用户能够轻松地浏览、查找所需信息，实现网页内容的快速跳转。

第八，交互式表单：通过交互式表单，用户能够在浏览器端输入信息，这些信息将被服务器端的数据库接收并处理。这一过程不仅为用户提供了便捷的数据输入途径，还实现了数据的实时更新与共享。

网页发布的内容统称网页信息，网页信息构成了巨大的信息源，但它的信息质量参差不齐，真假难辨，需要用户谨慎筛选所需信息。常见的网页信息有各类学习网站、政府统计数据、行业报告等。

## （二）智慧图书馆数字资源建设策略

### 1. 明确数字资源建设的规划与原则

资源建设规划是指资源建设工作的核心指导性文档，详尽阐明了资源建设的目标体系、核心任务、实施路径阶段性步骤等关键要素。在数字资源建设的广泛领域，首要且至关重要的环节是制定一套科学、系统的资源构建规划，此规划在数字资源建设层面扮演着导航者的角色，不仅为数字资源的建设工作提供了导向性的框架与行为准则，还为整个数字资源的构建流程、服务模式的优化资源共享机制奠定了坚实的基础，确保了数字资源建设工作的有序开展，促进了资源的高效整合与利用，进而推动了数字资源领域的健康发展。图书馆应该根据学校、自身的发展规划、学校学科建设情况和图书馆的购书经费等条件，制定数字资源的建设规划。建设规划应该包括数字资源建设的目标、方针、程序、模式等内容。在构建数字资源体系的过程中，应当参考以下几项核心原则：

（1）特色原则

图书馆所拥有的数字资源是互联网信息资源的关键构成部分，其独特性是数字资源开发与应用的核心生命力，如果缺乏特色将直接导致数字资源失去优势与发展受阻。因此，在特色数据库的构建中，内容的筛选需凸显资源特色，涵盖但不限于民族文化的独特性、地域风情的差异性、学科领域的专业性等，以此形成特色化的竞争力量，精准贴合用户对特色文献资源的多元化需求。与此同时，开发者需审慎评估该数据库在本领域内的不可替代性，确保其在信息海洋中的独特价值与地位，有效规避重复性建设等资源浪费现象。

（2）标准化与规范化原则

在构建数字资源库的过程中，遵循标准化和规范化的原则是至关重要的。这有助于确保数字资源能够长期保存，实现不同系统间互动，进而支持资源的分散式创建、在线访问和共享。因此，在构建网络信息服务系统等数字化项目时，开发者应优先考虑采用普遍接受的标准和规范，同时确保所选用的软、硬件设备具有高度的一致性。

（3）共建性与共享化原则

随着网络信息时代的到来，单个图书馆难以全面搜集所有信息资源，此外，仅凭图书馆自身的资源和信息服务，已不能满足用户个性化的信息需求。在这种背景下，中小型图书馆更应该主动加入资源共享项目中，如共同购买数据库、实现图书馆间的互借服务等。这种共建共享的模式能够显著增强图书馆数字化建设的功效。

（4）安全性与可靠性原则

图书馆在推进数字资源建设的过程中，承担着数字资源的整理、分发等任务，还需通过网络为用户提供多样化的信息资源。因此，保障网络的安全性是至关重要的一环。在建设阶段，开发者应优先考虑采用功能稳定、安全可靠的网络装置，实施自动化的数据备份机制，并依靠网络功能，保障数据的稳定性。

2. 加大力度引进中外文数据库

由于商业利益驱动，许多中文数据库服务商构建的数据库普遍规模庞大、数据丰富，导致采购成本相对较高。因此，图书馆在采购中文数据库时，必须考量数据库的实际效用、学科发展需求、预算限制等因素。经济条件允许的，开发者应依据学科建设的具体需求，优先选择专业性较强的数据库，以更好地契合多学科教师和学生在研究和学习上的需求。

此外，图书馆在引入数据库方面的态度要积极。当前，多数图书馆在引入数据库时积极性较低，都在被动地接受代理商的推销。为此，开发者应通过多种途径积极追踪全球专业数据库的动态，采用积极引进的模式，以更好地推进图书馆的信息资源建设。

3. 加强高校联盟，实现资源共建共享

鉴于经费不足与数字化资源成本的持续上升，图书馆在规划和推进数字化建设的长期计划时面临重重困难。为应对这一挑战，图书馆必须增加图书采购经费，并加强对该费用使用情况的监管。此外，图书馆与其他主体之间应建立合作伙伴关系，共同探寻缓解经费紧张的策略。

数字化图书馆之间的互联互通是图书馆数字化的发展趋势，也是应对资金不足的一项关键举措。资源共享的基石在于共同建设，因此需要对管理架构进行创新，从独立建设转向统一建设，改变过去的思维模式，避免资源浪费。各图书馆需要更新理念，将自己置身于资源共建共享的氛围中进行思考，主动参与数字资源的规划，与高校共同制定数字化资源建设的核心目标。此外，依据各图书馆的独特功能，精确划分数字资源的采购范围。为此，开发者应了解各图书馆的数字资源建设规模，确保资源分配的公正性和高效性。此外，统一管理各图书馆的经费，以实现数字资源统一布局。如此一来，图书馆就可以构建一个资源共建共享的运行机制，此机制能够集结多方力量，共同建设“大图书馆”，从而为教师与同行提供更为便捷、高效的学术资源获取途径。

## 四、智慧图书馆的开放信息资源建设

近年来，“开放存取”这一话题一直是图书馆学研究的核心议题，其备受瞩目的根本原因是该模式彻底重塑了学术文献的出版媒介、发行渠道、传播机制等，实现了从传统印刷型向数字化、开放化的根本性转变。全球范围内开放存取的发展态势尤为强劲，众多高等院校、科研院所等纷纷采取行动，或是颁布、落实现有的开放存取（Open Access，OA）政策，或是建立相关平台，显著增强了 OA 政策的普及与深化。更为引人注目的是，传统学术期刊出版领域正开始经历深刻变革，逐步向开放存取出版模式迈进，以此作为占据 OA 市场份额的战略布局，这一转变直接促使 OA 资源呈爆发式上涨。

### （一）开放存取资源的内涵

1. 开放存取资源的定义

在 5G 技术背景下，大多数行业与互联网紧密结合，积极应用“互联网 +”的模式。在这一过程中，知识数据资源的传播范围得到了显著拓展，为了打破学术资源供应商的垄断局面，让更多的用户得以共享资源，OA 运动逐渐兴起。这一运动使用户可以便捷地获取知识数据资源，并以无偿的方式进行知识的传播和应用。此后，全球逐渐注重开放获取运动的推进，开放获取资源成为资源共享的重要手段。2003 年，柏林国际开放获取会议为知识资源的开放共享制定了新标准，强调 OA 资源必须维持高水平的学术标准，并建议制定 OA 协议，确保知识资源的传播和使用与知识产权保护相协调。随着 OA 运动的推进，OA 资源得到了广泛应用。OA 的目标是借助互联网来整合全球的科技成果，为全球用户搭建零成本的科研平台。利用互联网作为平台，OA 促进科学和人文知识的开放获取，为科研机构、图书馆等提供切实可行的具体操作方法。当前，智慧图书馆采用的

OA 资源整合方式涵盖了期刊数据库、资源存储库等在内的多种模式。

2. 智慧图书馆开放存取资源的来源

在学术界，智慧图书馆已成为一个备受读者关注的领域。其融合了多种互联网技术，为用户提供了不同的智能识别服务。在专业客观的视角下，智慧图书馆采用先进技术智能开发知识资源，显著提升了知识资源的获取率。在当前科技环境下，智慧图书馆不仅能借助大数据技术从网络空间中挖掘 OA 资源，还实现了 OA 资源的共享。这种共享模式极大地丰富了图书馆的资源库，同时为学术研究提供了更为广阔的视野。OA 资源以其独特优势，使智慧图书馆能够更便捷地利用这些资源，极大地方便了教师的学术研究和学生的学习。

3. 开放存取资源在智慧图书馆中的应用

在智慧图书馆的知识服务体系构建中，建立完善的资源搜集机制是不可或缺的环节。此机制以 OA 资源为核心，充分借助先进的数字搜集技术，深入互联网的广阔空间，精准捕捉并汇聚各类 OA 资源。这一过程不仅要求对技术的高效运用，还需对搜集到的资源进行归纳处理，以确保它们能够精准对接用户的多元化需求。为实现 OA 资源的有效利用，智慧图书馆需借助信息技术的力量，精心打造一个 OA 资源发现系统。该系统必须能够对海量的 OA 资源进行深度开发，通过复杂且精细的算法提取资源中的核心信息与价值点，从而实现对 OA 资源的高效整合与优化配置，去除重复或低价值的数据资源，确保每一份 OA 资源都能以其独特的价值与意义呈现在用户面前。这不仅提升了 OA 资源的整体质量，也进一步增强了其在学术研究与实践应用中的价值。最终，智慧图书馆遵循 OA 资源使用规则，科学分布筛选的 OA 资源，并且借助互联网学术平台的广泛影响力与传播力，使这些 OA 资源迅速传播至更广泛的受众群体，在学术研究与知识共享中发挥出应有的作用。

### （二）开放存取资源的两种实现形式

1. 开放存取期刊

在学术界，开放存取期刊与传统期刊均致力于确保学术研究的质量与传播效果。开放存取期刊，如同传统期刊一般，制定了同行评审制度，以此为读者提供优质的免费访问服务。较之于传统印本期刊，开放存取期刊主要以网络电子期刊形式存在，显著减少了出版及传播的费用，它的费用通常由作者（或其所属机构）支付，读者可无偿使用。这种新型的期刊形式不仅降低了学术交流的门槛，还为学术研究带来了前所未有的便利，为全球的研究者提供了一个开放、自由的学术交流平台，使研究成果能够更迅速、更广泛地传播。值得一提的是，开放存取期刊已备受传统文摘索引服务商的青睐，这些服务商开始将开放存取期刊的内容纳入其服务范围，从而为开放存取期刊的进一步发展提供强有力的支持。

2. 开放存取仓储

在学术界，开放存取仓储扮演着举足轻重的角色。它不仅存储着学术论文，更涵盖了丰富的学术研究素材，如实验成果、研究报告等。它们均被有序地保存在开放存取仓储系统中。这种仓储模式的核心特点是开放性和共享性，为学术界提供了一个广阔的交流平台。与传统学术出版模式不同，开放存取仓储通常不开展内容的实质性评审工作，而是关注上交论文是否严格遵循学术格式，并确保其符合大众普遍接受的学术要求，旨在提高学术研究的透明度和可访问性，为学者提供更为便捷的学术资源获取途径。开放存取仓储可以分为两大类：学科基础型和机构基础型。前者更侧重于为特定学科领域提供服务，其核心在于共享和保护该学科领域的资料，学科仓储在各学科领域的参与度极高，涵盖了古典文学、经济学、数学、物理学等多个学科。比如 arXiv 电子印本文档库，作为最具代表性的全球学科仓储，其在学术界具有广泛的影响力。机构基础的开放存取仓储，作为一种知识产品的数字化档案库，其核心功能是给予大学用户个性化服务，且几乎不受任何影响或仅有极少的限制条件。这种创建由各大学或研究机构自主进行。同时，众多机构也可以选择加入联合体，共同构建更为庞大和全面的知识库体系。在当今的学术出版环境中，越来越多的大学采用开放使用出版模式来发布他们的科研成果。像美国康奈尔大学的 Euclid 项目、加州大学的 e-Scholarship 机构知识库等。这些举措不仅推动了学术成果的开放获取，也促进了学术交流和合作的进一步深化。佛罗里达州立大学的 D-Scholar ship 项目是机构基础的开放存取仓储的一个典型例子。该项目以其完善的架构、丰富的资源和开放的服务模式，为学术界提供了重要的交流与合作平台。

### （三）智慧图书馆的开放信息资源建设策略

图书馆应肩负起重要的使命，应依据需求针对性地组建专家团队，深入开展OA资源的专项调研工作。图书馆作为外文期刊的权威采购方，在印本期刊向OA转型的背景下，必然会面临订阅模式、馆藏构建模式等多方面的变革与挑战。因此，调研工作应当贯穿每个环节。首先，要明确金色OA资源、混合式OA资源所属期刊及出版商。这不仅是图书馆资源采购决策的基础，也是确保资源多样性和全面性的关键。其次，对于OA期刊的保存问题，图书馆需进行系统性的评估，明确这些期刊是否能够稳定、长久地提供服务，是否能够在一定程度上代替部分印本期刊，以满足读者的阅读需求，这些都是图书馆在推进数字化进程中必须回答的问题。最后，图书馆作为文化传承和知识服务的枢纽，其馆藏结构的合理布局尤为重要。因此，组织专业力量开发OA资源，不仅是为了解决当前面临的挑战，更是为未来发展提供坚实的数据基础。

在图书馆官方网站上，增设一个专门用于展示开放存取资源的板块，旨在为读者提供一条清晰、直观的OA资源获取途径，以便他们能够迅速并有效利用OA资源。通过针对国内各大学图书馆的调研，我们发现，当前对于国内外OA资源的整合方式，主要存在两种策略：第一种策略是在图书馆网站首页的“数据库导航”“网络资源”等板块中，对每一项OA资源及非OA资源都提供详细的介绍，并附上相应的链接，这种方式虽然提供了资源的入口，但在OA资源的识别与利用上，对于读者而言可能不够直观与便捷。相比之下，第二种策略更为明确与高效，主张在网站首页特别设立一个“开放存取”板块，该板块专门用来展示OA资源，包括但不限于OA的发展历程、知识库构建、每种OA资源的具体详情。这种组织方式不仅起到了传播OA知识、提升公众认知的作用，更重要的是，它能够帮助用户识别出哪些资源属于OA范畴，以及这些资源与以往文献数据存在的差异。用户对这种差异的认知，对于OA资源的传播无疑具有极大的促进作用。我们坚信，无论资源建设工作如何变化，无论新技术如何发展，其根本目的都是为用户服务的。

在学术界，智慧图书馆开放存取资源的安全管理问题应备受关注。根据当前智慧图书馆OA资源面临的多重安全问题，我们应积极构建一套完善的安全管理机制，旨在有力保障OA资源安全，为用户提供可靠的信息资源。

第一，重视资源存储的安全防护。在5G背景下，智慧图书馆作为网络用户关键的知识服务机构，其地位日益凸显。与此同时，OA资源已成为用户获取知识信息不可或缺的途径。5G网络的便捷性在助力用户检索资源时，也带来了资源存储的安全问题。因此，对于智慧图书馆而言，建立一套资源存储安全管理系统尤为重要，还有助于其应对安全问题。为了确保资源存储的安全性，智慧图书馆在存储OA资源前，必须进行一系列严谨的前期工作，从而有效减少因资源问题而带来的损失。同时，在智慧图书馆的运作过程中，实施一套完整的权限管理体系尤为重要。在此体系中，资源的分类存储是基本步骤，通过智能化的分类，智慧图书馆能够将多种资源进行有序排列，为后续的用户需求提供便利。基于此，通过精准地分析用户的学习习惯、兴趣点等，智慧图书馆能够明确每个用户的学习要求，并据此设定相应的访问流程。这一过程不仅确保了用户能够获取符合其需求的OA资源，同时实现了对这些资源的有效分类，优化了资源的利用率。此外，智慧图书馆还需构建一个成熟的OA资源数据库，旨在实现资源的有效存储与共享。

第二，重视资源共享的安全管理。在日益开放的互联网环境背景下，构建资源共享的安全防护体系尤为重要。为实现此目标，智慧图书馆需依据OA资源确立相应的安全管理理念。具体而言，行业应制定并实施一致的OA资源管理标准，用以指导资源的应用。在此过程中，确定资源访问的IP地址范围是关键步骤，同时，要加强网络服务器的安全管理措施，确保资源共享活动不受网络层面的潜在干扰的影响。此外，为了更好地监控已发布的OA资源，智慧图书馆应采取多元化的互联网协议模式，不仅要关注网络系统的抗干扰性能，还必须建立一套完善的资源安全使用框架，以及部署防火墙等安全机制，以有效抵御来自网络的各种攻击，进一步降低资源使用过程中可能面临的安全风险。在此基础上，智慧图书馆需对其所使用的计算机软硬件系统实施严格的安全管理措施。具体而言，智慧图书馆应使用高质量的病毒防护软件，以确保整个技术架构免受恶意软件的侵袭。同时，智慧图书馆还需持续监控计算机设备的网络安全态势，利用先进的监测工具实时捕捉并分析潜在的威胁，从而迅速响应并阻断任何可能的安全风险。为进一步巩固安全防护体系，智慧图书馆还应制定一套详尽且切实可行的安全管理条例，这些条例应涵盖从日常维护到紧急应对的全方位流程，确保每一个环节都能得到妥善处理。此外，智慧图书馆还需通过模拟攻击、渗透测试等手段，全面审视并量化计算机软件和硬件系统的安全性。在此过程中，智慧图书馆需格外关注计算机系统可能存在的安全问题，包括权限管理不当、数据加密不足等，从而为OA资源的顺利运行与高效管理提供有力保障。

## 第三节　智慧图书馆建设的技术支撑

### 一、RFID技术

#### （一）RFID技术的内涵

RFID（Radio Frequency Identification，射频识别）技术源自麻省理工学院，该技术最初命名为Auto–ID，即自动识别技术。自第二次世界大战结束以来，RFID技术备受国防、运输等多个关键领域的青睐。其早期应用形式主要包括主动式RFID标签与自行研发系统。主动式RFID标签内置小型电池作为主电源，能够自主发射无线电波，可在30米范围内进行信息接收。然而，由于电池费用相对较高，在一定程度上限制了主动式RFID标签的广泛应用。1990年，麻省理工学院开创性地研制出了一种革新性的Auto–ID技术，即被动式RFID标签，这一技术迅速用于多个领域。相较于传统技术，被动式RFID标签打破了电池使用的局限，该标签阅读器能够高效地收集标签所发射的数据信息，具备在2米范围内识别任何条形码的能力。由于被动式RFID标签无须内置电池，其制造费用相较于主动式RFID标签显著降低。随着标签制造费用的不断下降，越来越多的供应商倾向于采用被动式RFID标签作为条形码的替代品，以实现对所需数据的精准高效采集。这一转变不仅优化了生产流程，还提升了数据管理的准确性和效率。

#### （二）RFID核心技术

1. 射频识别技术

在射频识别技术领域，工作频率作为一项核心技术参数，占据着举足轻重的地位。依据工作频率的差异，射频识别系统可精确地划分为低频、高频与超高频，这一分类体系为技术选型与应用场景规划提供了理论基础。低频系统指工作频率低于 30 兆赫的系统，这类系统最为显著的优势是应答器（即标签）的制造费用相对较低。然而，低频系统在享受成本效益的同时，也面临着若干技术局限性，比如：标签内部可存储的数据量相对有限，在需要记录大量信息的应用场景中可能会受限；低频系统的阅读距离相对较短，限制了其在远距离识别场景中的适用性；低频阅读器的天线设计难以实现对特定方向或区域的精准识别。高频识别系统的工作频段设定在 400 兆赫以上，此范畴内的应答器（标签）与阅读器的制造费用较高，该系统所配备的标签能够承载较大容量的数据存储，并且具备远距离数据读取的能力。从物理形态看，高频系统多为卡片式构造，同时，其阅读器天线与应答器天线均具备较强的方向性特征。

射频识别技术的一个显著特征是其应答器的供电机制。有源应答器内部置有电池组件，能够充分供给微型芯片运作所需的能量。在远距离信息读取的场景中，阅读器不仅能有效捕捉到应答器所传递的无线数据，还能借助应答器完成这一数据传输。然而，有源应答器中的电池用时相对有限，通常为 3～10 年，因此，为确保系统的持续稳定运行，电池的定期更换是必不可少的。相对而言，无源应答器的供电模式截然不同。其自身不配备电源装置，而是在工作过程中，通过捕获阅读器发出的电磁场能量来驱动运作。这种设计不仅降低了应答器的制造成本，还在一定程度上提升了系统的灵活性和应用范围。进一步来看，根据读取应答器数据所采用的技术手段，射频识别系统可以被细致划分为倍频式、广播发射式与反射调制式三大类。其中，广播发射式系统最具便利性，该系统要求应答器采用有源工作模式以维持其运作，并具备即时传输、处理信息等功能。在此架构下，阅读器主要是信号的接收端，专门负责接收来自应答器发出的信号，不参与信号的发射。值得注意的是，广播发射式系统中的应答器需持续地发射信息，这一过程不仅导致了电能的大量消耗，还可能对环境产生一定的负面影响，同时在系统的安全性层面存在一定的不足。相比之下，倍频式射频识别系统在处理信号方面表现出更高的效率，该系统中的阅读器发射射频查询信号，应答器返回频率远远高于原始查询信号的频率，这种独特的运行机制有效解决了回波信号的干扰问题，从而提升了系统的整体性能。

2. 条形码和 RFID

在探讨标签技术时，条形码是一个广为人知的概念，在信息化社会中占据着举足轻重的地位。然而，随着 RFID 技术的日益普及，条形码的传统功能即将迎来革新。一方面，条形码依赖于传统的人工扫描方式，要求操作人员需手持设备，逐一进行识别与读取，这一过程不仅耗时费力，且效率相对较低。RFID 技术凭借先进的无线电波通信机制，能够实现对多个标签信息的同步、非接触式读取。另一方面，条形码作为一种信息载体，非常脆弱，在遭受物理磨损或化学侵蚀时，极易被损坏，这无疑限制了其应用场景的广泛性与持久性。相比之下，RFID 技术则展现出了独特的优势，其具备在极端环境下稳定工作的功能，无论是高温、潮湿还是其他恶劣条件，均不会对其功能造成显著影响。进一步而言，条形码在信息存储方面存在明显的局限性，仅能承载有限的字符信息，极大地制约了其在复杂应用场景下的数据表达能力。然而，RFID 标签则通过内置先进的存储设备，显著提升了信息的丰富度与可读性。此外，条形码的编码信息一旦确定便无法轻易更改，在一定程度上限制了条形码在使用过程中的灵活性与可追溯性。RFID 技术则具备可编程的特性，允许用户根据实际需求对标签中的信息进行更新，为信息的动态管理与追踪提供了极大的便利。

### （三）RFID 技术在智慧图书馆管理系统中应用的优势

借助射频信号，RFID 技术具备对非金属材质物体进行全方位、高效的信息读取功能，极大地促进了管理流程的智能化转型，显著减少了对人力资源的依赖。

RFID 技术的信息收集与数据存储能力尤为突出，能够高效地捕获并储存大量信息，这一特性显著优于传统的管理手段。更为先进的是，该技术框架内嵌强大的数据加密机制，允许对捕获的数据和信息进行全面且深入的加密处理，确保了数据的安全性与隐私性。同时，RFID 技术还赋予了数据重新读写的灵活性，图书馆管理人员可以根据实际需求，对数据内容进行适时的更新与调整，无须担心数据丢失或损坏，使图书的借阅、归还、盘点等流程得以更加高效、准确地执行。

RFID 技术具备高度的灵活性，能够并行处理多本图书的信息编辑工作，极大地缩短了操作时间，加快了图书流通与管理的速度，从而确保了图书馆运营的高效性与流畅性。

### （四）RFID 技术在智慧图书馆管理系统中的应用形式

智慧图书馆是我国图书馆发展的关键路径。鉴于此，在智慧图书馆管理系统的持续改进中，完善 RFID 技术，以显著提升智能服务的品质十分必要。此外，在 RFID 技术的实施过程中，智慧图书馆还能实现自助管理、书籍定位、信息存储等功能。

1. 自助管理功能

在智慧图书馆管理系统的应用中，RFID 技术展现出卓越的自助管理效能。用户仅需通过借书机，即可便捷地启动自助借书流程。在借书时，用户只需将所选书籍置于借书机扫描区域，系统就会自动完成借阅操作。同样，在归还图书时，用户只需将图书投入指定的还书区域，系统就会迅速扫描书籍，并以高精度、高安全性的方式将图书信息传输至计算机系统中，无须人工干预。此外，智慧图书馆全天候提供借还书服务，并具备多本图书同时借还的功能。

2. 书籍定位功能

在图书馆的日常运营中，书籍的高效整理与精确分类是提升读者使用体验的关键因素之一。近年来，RFID 技术的引入为这一领域带来了全新的变革。该技术不仅能够对书籍的排序和种类进行系统整合，还借助智能书架技术，实现了对书籍的精确划分，极大地提高了书籍的可检索性，使读者能够迅速定位并获取所需书籍，提高了图书馆的服务效率与质量。值得注意的是，在传统图书馆还书流程中，读者的任意放置行为往往导致书籍错放，这不仅增加了图书管理员的工作负担，也给后续的书籍查询带来了诸多困扰。然而，RFID 技术的应用有效解决了这一难题，该技术通过在书籍上附加电子标签的方式，赋予了每一本书独特的身份标识。当书籍被错放时，图书管理员只需借助专业的扫描设备，识别书架上的标签，即可正确归还书籍，整个过程既便捷又高效。

3. 信息存储功能

在图书馆领域，RFID 技术的应用为信息存储与检索带来了根本性的变革。图书馆能够借助 RFID 技术，将图书的详细信息录入专门设计的存储装置内，这一创新举措极大地提升了图书馆的整体效能与运营效率。通过引入 RFID 技术，图书馆实现了对图书的精准捕捉与高效管理，能够快速地将书籍的元数据、位置信息与借阅历史等存储于数据库中，还便于工作人员与读者通过特定的查询界面，轻松检索所需书籍的详尽资料。在购买新书时，这些存储的详尽数据分析能够帮助图书馆更加精准地把握读者的阅读偏好与需求趋势，从而制订科学合理的购买计划，确保馆藏资源的持续优化与更新，进一步推动图书馆向信息化的方向发展，为图书馆的管理与运营带来前所未有的便利。

## 二、LoRa 技术

### （一）LoRa 技术的内涵

LoRa 技术（Long Range Radio，远距离无线电）代表了一种采用线性调频扩频的调制技术，该技术最初由法国研发者提出，随后归于美国 Semtech 公司旗下并被进一步推广。Semtech 公司在此基础上研制了 LoRa 芯片，并成功制定了低功耗局域网无线标准，有效解决了传统远距离通信消耗较高、覆盖面较窄等技术难题。为促进 LoRa 技术的产业化进程，Semtech 公司致力于无线数传模块的研制，先后推出了如 APC220、APC230 等数传模块，以及新一代专为 LoRa 扩频设计的 APC340 数传模块，这些举措为 LoRa 技术在物联网市场的广泛应用奠定了坚实基础。LoRa 技术凭借其优势，在相关领域展现出巨大潜力。LoRa 技术在层叠样式表（Cascading Style Sheets，CSS）调制技术的基础上，巧妙地平衡了功耗与传输距离之间的矛盾，在保证低功耗的同时增加了传输距离。与高斯频移键控（Gauss Frequency Shift Keying，GFSK）技术、短距离射频技术相比，LoRa 技术展现出显著的优越性，不仅能够实现远距离通信，而且抗干扰能力非常突出，可以在复杂环境中稳定传输数据。在网络架构方面，LoRa 网络展现出了一种独特的设计理念，相较于网络拓扑结构，LoRa 网络架构通常由四大核心组件构成：终端节点、网关、网络服务器与应用服务器。其中，LoRa 是星状拓扑结构，使网关能够以星状形式连接多个终端节点。这种连接方式并非固定的，即终端节点并不依赖于单一的网关进行通信。它们具备灵活性，其上行数据信息能够传至多个网关，进一步提高了数据传输的可靠性。此外，LoRa 技术在部署成本上也展现出其独特的优势。它不需要建设昂贵的基站设施，一个网关便能轻松管理上万个 LoRa 节点，实现了高效的网络扩展和成本控制。在数据安全方面，LoRa 借助 AES128 加密算法技术，这一先进技术不仅确保了数据在传输过程中的安全性，还为 LoRa 技术在物联网等领域的广泛应用提供了坚实的保障。

在 Semtech 公司的鼎力支持下，众多行业参与者携手创立了 LoRa 联盟，旨在完善 LoRa 技术并构建全面的产业生态系统。随着 LoRa 技术的不断发展，以及国家层面的有力推动，该领域吸引了诸多互联网领先者的积极参与，从而确立了 LoRa 在无线通信领域的核心地位。根据 Semtech 公司发布的权威数据，目前已有超过 75 个国家、涉及 110 多家网络运营商正积极构建 LoRa 网络。这一壮举已在全球范围内催生了超过 9000 万个 LoRa 节点，彰显了该技术广泛的应用性。在我国，LoRa 同样迎来了蓬勃发展，不仅吸引了阿里巴巴、腾讯等互联网领军企业，还获得了中国联通等运营商的有力支持。这些数据和事实充分表明，不管是从技术内核的先进性、产业构造的完善性看，还是从市场需求的迫切性来看，LoRa 技术都将在物联网技术领域占据举足轻重的地位。

### （二）LoRa 技术在智慧图书馆中的应用优势

在图书馆管理与服务领域，智慧化的转型与发展依赖于物联网技术的深度渗透与支持，特别是将 LoRa 技术融入智慧图书馆的建设之中。随着当代社会知识与技术日新月异的进步，推动智慧图书馆技术的持续变革与服务模式的不断优化，已成为行业内亟待解决的议题。在此背景下，LoRa 技术凭借其显著的优势，为图书馆遇到的一系列挑战提供了切实可行的处理方案。

#### 1.“远距离、低功耗”助力馆内资源共享

在智慧图书馆建设的宏大框架下，图书馆空间的转型已成为当前学术研究的重点。该转型不仅映射出图书馆的深刻变革，也凸显出馆际间与馆内各部门之间资源共建的紧迫性与必要性。面对这一转型需求，智慧图书馆应当积极采纳“万物互联”的核心思想，并以此为基石，推动图书馆内部的高效联通。为实现这一目标，建设一个资源集成且分布合理的系统尤为重要。在这一系统中，先进的技术必不可少，其中，LoRa 技术以其卓越的远距离通信能力和低功耗特性，与物联网运营理念非常契合。这一技术的引入不仅为智慧图书馆的“万物互联”提供了坚实的技术支撑，还保障了整个系统在高效、稳定、经济的轨道上持续运行。

2.“高速率、低时延”促进馆内数据流通

LoRa 技术通过半双工通信模式，有效构建了数据的双向上下行传输机制。在该模式下，终端设备在传送上行数据过程中，能够依据链路环境的实际状况动态调整扩频因子。扩频因子的数值越低，所实现的传输速率越高。此外，LoRa 技术提供了三种各具特色的工作模式，以适应多样化的业务需求。其中，A 类终端设备支持基本的双向通信功能，能够满足一般的数据交互需求。B 类终端设备以 A 类功能为基础，进一步增强了下行时隙的调度能力。C 类终端设备专注于最大化下行数据的处理能力，适用于对下行数据量有较高要求的应用场景。面对数据洪流，图书馆为增强服务效能，积极完善其服务模式，致力于从基础数据服务向综合信息服务的转型。在此过程中，数据流通的效率与质量成为衡量服务模式变革成效的关键因素。具体而言，LoRa 技术凭借其高速率与低时延的优势，加之 APC340 设备内部集成的大容量缓冲区设计，极大地加速了各终端设备间的数据交互进程，有效推动了图书馆内数据流的顺畅循环，为图书馆服务模式的智能化升级奠定了坚实的基础。

3. AES128 加密算法保障数据传输安全

在确保数据传输安全的背景下，加密算法成为研究的核心议题，其中，数据传输过程加密、数据终端加密等策略尤为引人注目。在发送与接收数据的过程中，确保数据传输的安全性被视为首要任务。具体而言，LoRa 加密技术遵循高级加密标准（AES），以 128 比特为基本加密单元。为了进一步强化数据传输的安全性，加密密钥的设定被严格限制为仅允许配置，禁止后续的调整。在智慧图书馆个性化服务的场景下，数据的处理不可避免地面临隐私数据的保护问题。对此，LoRa 加密传输算法展现出了独特的价值，能够保障隐私数据在传输过程中的安全性，进而提升数据传输的安全级别。

## 三、VR 技术

### （一）VR 技术的内涵

VR 技术（Virtual Reality，虚拟现实技术）由美国 VPL 公司创建人拉尼尔在 20 世纪 80 年代初期研发，旨在引领用户进入一个实时且三维立体的虚拟环境，通过与环境的直接互动，赋予用户真实体验。图书馆作为新技术的积极采纳者与践行者，始终站在科技前沿。智慧图书馆作为多种技术深度交融的应用网络体系，其构建离不开前沿技术，是多模块互为支撑的集中体现。虚拟现实技术凭借卓越的特性，为图书馆智慧服务的拓展开辟了新的路径，也为智慧图书馆的建设贡献了不可或缺的力量。智慧图书馆巧妙地融入 VR 技术，将实体馆藏的丰富资源转化为虚拟形态。在虚拟现实技术的赋能下，用户得以沉浸于一个高度仿真的智慧图书馆环境中，亲历虚幻又逼真的场景。智慧图书馆在 VR 技术的加持下，其资源利用与服务提供均展现出了前所未有的深入互动。在这种深入互动的环境下，用户不仅能够自由浏览，还能通过 VR 技术实现与图书馆资源的深度交互，这极大地增强了用户体验的沉浸感。此外，得益于 VR 技术的高度精准性，用户信息检索准确率明显提升，进一步促进了图书馆资源的充分应用与深度挖掘。

### （二）VR 技术与智慧图书馆

#### 1.VR 技术支持的智慧图书馆建设思路

（1）VR 技术支持的智慧图书馆服务目标

智慧图书馆的建设依托于 VR 技术，其核心在于整合图书馆多元化的信息资源，旨在构建一种新的服务模式。该模式的目标是向用户全方位提供基础性与深层次的信息服务。

VR 技术赋能的三维阅读环境为用户精确重现了图书馆的独特建筑风貌、环境、布局、馆藏资源等，从而使用户能够以多元化的方式来感受图书馆所提供的智慧服务。VR 技术通过强大的可视化手段，构建出一种既能沉浸其中又能互动的阅读场景，这种前所未有的体验模式极大地提升了用户的参与度，有效促使更多读者深入探索图书馆。此举不仅拓宽了图书馆的服务范围，还深刻彰显了图书馆作为知识中心与文化阵地的核心地位，持续推动着图书馆在现代社会中发挥不可替代的作用。

（2）VR 技术支持的智慧图书馆实现方法

在探讨 VR 技术支持的智慧图书馆的实现途径时，开发者可着重考虑 VRML（Virtual Reality Modeling Language，虚拟现实建模语言）技术和 360° 全景图像技术两种方法。VRML 的开发过程可借助标准的文本编辑工具进行，通过这一工具来编辑和构建 VRML 源代码。为了体验 VRML 所创建的虚拟空间，用户需安装专业的 VRML 浏览器插件。VRML 对于硬件软件环境的配置要求相对宽松，其建模复杂性较低，能够在通用计算机上顺利运行，且执行效率较高。另一种 360° 全景图像技术涉及不同图像的依次拼接，从而构成一个闭合的 360° 图像序列，为用户提供 360° 观察视角的视觉素材。值得注意的是，360° 全景图的制作过程简便、高效，其技术门槛相对较低，且具备较高的效益。

在研究 VRML 虚拟现实建模语言与 360° 全景技术在图书馆环境中的应用时，开发者应依据图书馆的特性进行有针对性地筛选。具体而言，对于馆藏空间、创客空间等具备高度互动性和复杂性的区域，开发者可通过编写 VRML 语言来实现精确且细致的虚拟构建。

2.VR 技术支持的智慧图书馆服务模式结构

在信息技术飞速发展的当下，智慧图书馆的建设与发展已成为学术界共同关注的焦点。基于 VR 技术支持的智慧图书馆信息服务模式，通过构建一种稳固的金字塔服务架构，能够实现对图书馆各类信息资源的深度整合与高效利用。金字塔服务架构的构建的核心在于充分利用 VR 技术的沉浸式、交互性特点，将图书馆丰富的信息资源进行系统化、层次化的组织与整合。该架构以用户需求为基石，通过 VR 技术的介入，不仅整合了传统的馆藏信息资源与集成数据库，还进一步拓展了个性化资源与知识化信息的范畴。这一过程不仅提升了信息资源的可获取性与可利用性，更为用户构建了全方位、多层次的知识获取体系，同时还提供了三大信息资源服务，旨在全面满足用户的多元化需求。

第一，聚焦于传统文献信息资源的自助服务，其中，传统文献信息资源的自助服务涵盖读者自助服务、在线咨询等基础功能，这些服务在保留传统图书馆服务模式精髓的同时，借助 VR 技术实现了更为便捷高效的访问体验。

第二，智慧图书馆致力于推行个性化的信息资源服务，该服务以用户为中心，依据其兴趣偏好、研究习惯等信息，实施精准的定制化知识服务。

第三，提供结构化的信息资源服务，旨在为用户提供一套完整的知识获取框架，使用户能够系统地研究和学习，从而有效提升知识吸收的效率和深度。在提供上述服务的过程中，智慧图书馆尤为重视与用户的交流。通过 VR 平台的交互功能，图书馆能够即时获取用户对服务的直观感受与改进建议。服务完成后，智慧图书馆收集并分析用户建议，以此作为优化服务策略的重要依据。

3. 基于 VR 技术的智慧图书馆创新性服务

（1）智慧图书馆的虚拟漫游导航服务

在学术领域中，智慧图书馆可利用 3D（三维）模拟等高新技术进行高精度的场景设计及空间展示。该技术能够推进图书馆虚拟漫游导航系统的建立，系统利用 VR 技术的优势，具有极高的虚拟性，极大地提升了用户体验。通过佩戴虚拟现实眼镜等 VR 设备，用户可以轻松、便捷地进入该系统。此系统提供了 360° 图书馆体验环境，用户无须离开实际位置，就能直观浏览图书馆的各个角落。在智慧图书馆的虚拟漫游导航系统中，用户能获得沉浸式体验。通过该系统，用户不仅能够了解各类资源，还能深入体验图书馆的各种服务，如资源整合、发布等，这些服务旨在为用户带来极佳的使用体验。

利用 VR 技术，智能化图书馆为访客打造了一种全新的沉浸式空间体验和交互式互动。用户通过佩戴数据头盔，能够沉浸在虚拟的导航系统中，对图书馆的实体空间、布局、藏书有一个直观的空间感知，身临其境般地感受图书馆的三维设计。此外，通过使用数据手套，用户能够自行操控虚拟环境中的物体位置，并通过与计算机界面的交互，有效地传递信息，享受沉浸式的 VR 体验。

（2）智慧图书馆的文献信息资源服务

智慧图书馆的核心使命在于向广大用户提供丰富且高效的信息资源服务。VR 技术的引入，为实体图书馆中古籍资料面临的易受损、难分辨等问题提供了创新解决途径。通过该技术，古老的二维平面图像资料转化为生动的三维立体资源，这一转变不仅提升了资源的观赏性与交互性，更极大地推动了图书馆服务水平的持续优化。智慧图书馆运用 VR 技术使用户能够即时了解图书馆内文献的概况，进而为用户提供多元化服务。在这一过程中，用户得以享受前所未有的便捷，信息资源的获取及利用率也大幅提升。用户通过 VR 设备，可以精准操控智慧图书馆，从而体验更为多样化的自助服务。值得一提的是，智慧图书馆在 VR 技术的加持下，不仅实现了文献信息资源服务的数字化与智能化，还搭建了用户之间沟通联系的桥梁，推动了信息的深度挖掘与共享。在此基础上，智慧图书馆以其显著优势充分展示了 VR 技术在提升智慧图书馆服务能力方面的重要作用，为用户营造了一个更加立体、动态且充满活力的信息交互空间。

（3）智慧图书馆的信息检索可视化服务

凭借三维可视化特性，VR 技术在智慧图书馆中的应用提升了信息检索的全面性和精确度。当用户发起检索请求时，智慧图书馆能够同步响应用户的查询需求、检索意图等，并通过动态的可视化方式展示搜索对象，确保用户能够获得良好的搜索体验。除了增强信息检索的可信度，可视化技术还助力用户在数据中探索新知识，这是智慧图书馆所具备的创新服务之一。借助 VR 技术，智慧图书馆将人机交互信息可视化呈现，辅助用户探索知识间的联系，使用户能够以更加直观和精确的方式获取所需内容。

进一步来看，在执行馆藏目录的搜索任务时，VR 技术赋予用户更大的自主性和创新空间，使其能够自由选择搜索工具和方法，对搜索流程和对象进行个性化的整合。这种灵活性使用户能够识别知识节点之间的联系，以此构建全新的知识结构。

（4）智慧图书馆的虚拟参考咨询服务

与常规的咨询服务相比，智慧图书馆利用 VR 技术的优势，显著优化了虚拟咨询服务，使用户能够接收更加丰富的信息。在提供虚拟咨询服务的过程中，智慧图书馆能够利用其强大的感知功能，为用户提供即时的、网络化的互动式咨询，有助于用户体验更优质的咨询服务。借助 VR 技术，智慧图书馆的咨询服务范围得到了显著扩大，有效克服了传统咨询服务在时间和空间上的局限性，使虚拟咨询服务拥有了创新的方法和模式。这种技术使图书馆工作人员与用户之间的沟通更加便捷。通过应用 VR 技术的核心特性，智慧图书馆能够提供更高标准的虚拟咨询服务，进而有效提高智慧图书馆的竞争力。

## 四、人工智能技术

### （一）人工智能技术的内涵

人工智能是计算机科学的一个重要组成部分，致力于模仿人类的认知和思考模式。尽管人工智能不等同于人的智能，但在某些思考任务上，它展现出了超越人类的能力。深入研究人工智能，不仅要求我们掌握计算机科学的专业知识，还涉及心理学和哲学等领域的相关知识。人工智能领域的研究重点是探索怎样让机器执行那些需要人类智能才能完成的任务。随着人工智能技术的持续进步和发展，它在人类社会中扮演着越来越重要的角色。人工智能可以被理解为一种技术手段，赋予计算机进行智能分析的能力，即模仿人类的思考模式来执行任务。在实践中，人工智能技术驱动的自动化系统能够在预设的空间中，整理转化多种信息数据。鉴于人工智能技术正引领科技革命的潮流，国内部分实力雄厚的图书馆开始逐渐实施智能化服务，这类服务得到了人工智能技术的极大支持。

人工智能技术在实践中展现了三个主要的发展方向：首先，推动了人机交互和脑机交互的协作发展；其次，在尖端技术的助力下，个体智能得到了极大的发展，逐步演化为群体智能；最后，机器人技术正从模拟人类智能向自主智能系统转变，智能工厂及系统便是这一转型的典型例证。这些发展动向与图书馆智慧服务体系的构建紧密相连。鉴于此，将人工智能技术融入图书馆智慧服务体系的各个环节，能够极大地推动图书馆服务的创新性升级。

### （二）人工智能技术在智慧图书馆中的应用

1. 提供智能服务

人工智能技术在促进读者高效应用方面具有显著优势。具体而言，这一技术的融入在两个方面提升了读者体验。一方面，读者通过先进的智能手段，更为灵活地定位到其目标资源。另一方面，人工智能技术的应用还简化了读者获取资源的流程，使整个流程变得更加高效。在人工智能技术的推动下，图书馆智慧型服务空间变得高度智能化，以读者体验为核心，致力于完成服务模式的智能转型。以西南大学图书馆为例，该馆具有三台功能强大的智能机器人，这些机器人既承担着接待、介绍等基础服务任务，还凭借其内置的庞大数据资源，为读者提供了图书识别、智能问答等一系列高级服务。这些智能机器人的应用，不仅彰显了图书馆服务智能化的先进水平，更为读者带来了前所未有的便捷与高效体验。

2. 掌握读者需求

读者对于图书馆服务的需求呈现出多样性，这种多样性根植于读者群体的年龄层次、职业背景、教育程度等方面的差异，鉴于这种差异性的存在，图书馆在提供服务时，必须细致考量读者的具体状况，以确保服务的精准性和有效性。为实现这一目标，图书馆可采取一系列嵌入策略，包括流程嵌入、功能嵌入、情感嵌入等，旨在全面渗透至读者使用平台的各个关键环节，以此深化图书馆与读者之间的互动关系，并彰显图书馆建设理念的根本性变化——由传统的被动服务模式转向积极、主动的服务姿态。同时，服务范围也从相对封闭的图书馆空间扩展至更加开放的社会环境。在人工智能技术的驱动下，图书馆得以借助大数据技术的强大功能，系统地处理多维度数据，这些数据涵盖了读者多方面信息，为图书馆深入洞察读者阅读偏好提供了宝贵资料。通过对这些数据的细致剖析，图书馆能够进一步满足读者的阅读需求，从而为其个性化服务策略的制定奠定坚实的数据基础。

3. 建设智慧服务平台

随着数字阅读时代的全面到来，智慧图书馆必须适应这一趋势，注重对数字阅读材料的投资，以使读者可以利用移动设备，随时随地进入智慧图书馆服务系统，享受自由灵活的学习氛围。此外，读者还能在系统中进行搜索、查找和收藏图书等操作，从而彰显图书馆服务系统的智能化特点。

4. 构建智慧化的“第三空间”

“第三空间”这一术语源自美国社会学家雷·奥登伯格，用以描述家庭（第一空间）和工作场所（第二空间）之外的社会场所，如图书馆等。在第三空间中，人们能够摆脱功利性目的，进行开放的互动。人工智能技术的发展，为智慧图书馆的服务增添了多样性，促使图书馆从单纯的存储平台转变为一个信息互动平台。

## 五、大数据分析技术

### （一）大数据分析技术的内涵

大数据是指借助当前先进的软件工具，在特定的时间范围内，对规模庞大的数据集进行开发、管理、归纳，进而提炼出对企业具有积极影响的信息资源。大数据技术以其独特的 5V1C 特征而著称。5V1C 具体是指多样化（Variety）、海量

（Volume）、快速（Velocity）、灵活（Vitality）、价值（Value）、复杂（Complexity）。“多样化”反映了大数据涵盖多种数据类型的特点，包括但不限于网络日志、搜索记录等，对这些不同的数据类型进行处理时，必须采用针对性的技术手段。“海量”则强调了大数据在数量上的庞大规模，其增长趋势通常呈现出急剧上升的态势，类似于“J”形曲线。“快速”代表的是数据的处理速度，即数据必须迅速得到处理，否则可能会丧失其潜在的商业价值，在当今快节奏的商业环境中，这一点尤为重要。“灵活”则体现在大数据传播需紧跟时代的变化，具备高度的适应性，以满足不断变化的业务需求。“价值”是大数据技术的核心所在，加工后的数据能够为行业决策提供有力的数据支持。“复杂”则揭示了大数据加工过程中的难度和多样性，而且所用到的处理工具也各具特色，需要根据具体的数据类型和分析目标进行选择和调整。

在学术层面，大数据本质是一种现象，而非技术，由于系统中使用了规模庞大的数据，才催生了一系列技术的发展，包括数据的采集、组织、传播及剖析等，这些技术共同构成了大数据技术体系。大数据技术的核心功能在于系统的整合以及数据资源的开发。具体而言，大数据技术体系中的关键环节聚焦于基于大数据特性的数据整理、高效检索、深入处理。这些环节不仅是大数据技术发挥效能的基石，也是推动数据价值最大化的关键所在。

### （二）大数据分析技术在智慧图书馆中的应用

#### 1. 全息存储技术在智慧图书馆中的应用

在信息化发展背景下，人们对多媒体信息的重视程度呈持续增长趋势，与此同时，计算机技术与信息处理技术的不断进步也深刻重塑了图书馆的发展范式。图书馆数字化的核心特征主要体现在图书信息资源的全面数字化、信息的广泛共享、信息的网络化流通。尤为需要关注的是，图书馆所涵盖的信息资源类型非常复杂，因此，如何实现不同信息的有效处理，以及如何以更高效的方式呈现有价值的信息，成为数字图书馆亟待处理的关键议题。

具体而言，全息存储技术（holographic memory）是一项依托于高容量特性的创新存储方案，采用感光材料为核心的存储媒介，实施过程先依赖于激光干涉技术，以全息照相的方式记录所需信息，再通过光线的干涉效应，在同一存储空间内叠加记录不同的信息图像，从而实现存储空间的高效利用。以传统存储技术为例，存储 1TB 的信息数据可能需要借助 1500 张光盘。然而，运用全息存储技术则能够将同等规模的信息数据浓缩存储于一块尺寸极小的芯片中。通过操控该芯片，即可实现数据的有效利用。更为重要的是，全息存储技术的存储容量具有极大的扩展潜力，理论上可达 1000TB 左右的水平，这为其在大数据存储领域的广泛应用奠定了坚实的基础。

当前，全息存储技术的研发成本呈递减的趋势，同时，具备全息功能的光盘产品已成功进入市场，全息存储技术凭借其优势特征，在数字图书馆领域的发展前景极为广阔。此外，在大数据广泛应用的环境下，全息存储技术无疑将展现出更为强大的发展潜力。

2. 大数据分析技术在智慧图书馆中的应用流程

大数据以庞大的体量与持续变化的动态特性著称，因而大数据的处理技术全面覆盖数据生成、采集、整合、深度剖析等多个环节。在这些关键数据处理的步骤中，开发者必须采用专门针对大数据特性设计的处理手段与方法，以确保数据处理的高效性与准确性。

大数据分析技术在智慧图书馆中的整体应用架构可系统性地划分为四个核心环节：数据获取、数据预处理、数据存储管理、数据采集。在这一架构中，数据获取位于顶层，其核心职责是响应并满足用户的检索需求，精准反馈相关数据。紧随其后的是数据预处理环节，该环节聚焦于数据的深度分析，旨在从大量数据中提炼出具有实际价值的信息，此阶段的数据处理活动处于集群的严密实时监控之下，以此确保了数据处理的精确性。数据存储管理层则承担着将数据转变为标准化数据库格式的重要职责。同时，该层融合了先进技术，以实现数据的安全、高效存储，这一层的优化不仅提升了数据的可访问性，还增强了数据的持久性和可扩展性。数据采集层作为整个架构的基石，由计算机系统自动执行，主要负责广泛采集数据，并将这些数据无缝传递至数据存储管理层，这一环节的高效运作为后续的数据处理提供了坚实的基础。值得一提的是，大数据处理流程的顺畅运行，依赖于集群监控系统的有力支撑，该系统通过先进的分布式监控模式，能够依据各节点的实际情况，智能布置工作任务，以此确保数据处理系统保持高度的稳定性。

## 六、云计算技术

### （一）云计算技术的内涵

云计算技术是一种借助互联网将计算资源、存储资源、软件应用等以服务的形式提供给用户的技术。它通过对并行处理、分布式处理、网格计算等先进计算模式进行深度拓展和延伸，实现资源的高效利用和灵活配置。在网络环境的支撑下，该技术巧妙地融合了虚拟技术，借助网络平台，使计算有效分布至广泛的计算机网络节点中。从广义来看，云计算的核心在于服务层面，借助网络环境的可扩展性等特性，灵活满足多样化的服务需求，构建了高效灵活的服务框架。通过详尽的实证分析可知，云计算在实践中的运行模式：先将海量的网络资源汇聚，随后运用先进的工具构建一个庞大统一的信息资源池。这一资源池如同一座巨大的“云”，能够按需为用户提供丰富多样的服务。在此框架下，所谓的“云”实质上是一个高度现代化的网络体系，代表着一种全新的资源提供范式。通过这种范式，用户可以便捷地获取所需的计算资源与服务，而无须了解复杂的技术细节。

云计算技术具有成本低、可扩展性、高可靠性、可远程访问和资源共享等显著特征和优势。因此，云计算技术是图书馆数字化建设和网络化建设的重要技术支撑。在云计算技术的几个特征中，降低成本是指云计算技术基于公共设施和专门设置，整合社会资源，把计算、应用、服务当作公共设施提供给用户，为用户提供高质量的服务技术，使资源可以得到充分利用，不会出现资源闲置和浪费现象。可扩展性则主要表现在计算与存储资源、服务和服务对象方面。用户可以随时增减计算资源，且这种增减底层资源的做法对上层业务的影响极小；同时，为用户所提供的服务随时可以扩展，以便开展多样化服务和不同质量的服务，以满足不同类型用户的需要，提供可度量的服务。高可靠性是指资源池拥有庞大的存储资源，必然会采用备份机制、故障预防和隔离机制等保证用户存储资源的可靠性和安全性。在服务质量方面会采用诸如双击备份技术等保证服务不受资源池中部分资源故障的影响，以提供连续的高质量服务。云计算是一种基于网络提供的计算服务供给方式，这是云计算的优势。远程访问特征体现在用户可以随时随地使用自己的权限，采用浏览器 / 服务器（Browser/Server，B/S）和客户机 / 服务器

（Client/Server，C/S）模式的客户端，以云计算权限和服务访问标准与机制，利用互联网来获取所需资源。资源共享则是指在云计算中，将相对分散或独立的资源整合，把中央处理器（Central Processing Unit，CPU）、存储、网络等设备的运算能力纳入一个资源池内，统一分配，共享池化，采用虚拟共享技术或分配技术等，对现有资源进行优化配置，使用户充分利用资源池的资源，进而使云计算技术具备灵活且有弹性的扩展能力。

### （二）云计算技术与智慧图书馆建设

云计算推动着智慧图书馆的建设和管理，如何从事实、数据和信息中提取对决策有直接作用的知识是智慧图书馆发展的方向。云计算的特征表现在以下几个方面：

1. 基于云计算的数据存储

针对新一代信息技术产生的海量数据，云计算通过软件将不同类型的存储设备整合起来协同工作，根据用户的需求，对海量数据进行处理分析，并将结果反馈给用户。基于云计算的数据存储，最典型的特征和最基本的保证是安全性和稳定性。

2. 基于云计算的资源共享

解决信息资源共建共享，不仅为本校各类型用户，还为社会各类型和有相同需求的用户提供资源共享和数字资源服务，同时避免了对于硬件的重复建设和对于软件资源的重复投入。

3. 基于云计算的高可靠性

智慧图书馆不同类型的用户可将各自的数据、资源和服务等放到云上，以便实现数据的统一管理和高效利用，同时及时根据用户需求主动推送相关结果和信息。依靠云计算技术的分布式存储和冗余存储等技术，保证了系统运行的可靠性和服务的可持续性，保证了数据的完整性和准确性。

## 第四节　智慧图书馆的服务概况

服务是图书馆的根本价值所在，图书馆的所有工作都应围绕服务展开。在智慧图书馆中，智慧化的服务处于中心环节，智慧图书馆的馆员、建筑、技术、资源等都是为用户服务的。传统的文献服务以实体书籍和资料的收藏与借阅为主，随着信息技术的发展，信息服务逐渐兴起，实现了信息的快速检索与传播。知识服务进一步深化了图书馆服务，强调知识的深度挖掘与系统化传播。图书馆智慧服务的出现，标志着服务理念的一次重大飞跃。智慧图书馆不再局限于传统的服务模式，而是把用户置于服务的中心，使用户能够通过图书馆提供的资源和工具实现个人智慧的生成与提升。智慧图书馆的服务致力于增强用户理解知识、运用和创新能力，通过打造个性化的学习路径、互动式的学习体验和创新性的知识应用平台，充分激发用户的创造力。

对智慧图书馆的服务进行研究，有助于开发者从核心价值层面了解和认识智慧图书馆的本质。智慧图书馆的服务以知识服务为基础，运用创新思维对知识资源进行收集、整理、分析和整合，深度挖掘和有效利用知识，为用户创造价值，进而带来经济和社会效益，创造出全新的知识增值产品，实现知识产品的价值提升。智慧图书馆的服务不仅限于传统的书籍借阅和信息查询，还包括更广泛的智能服务，如个性化推荐、智能检索、虚拟参考咨询等。这些服务借助大数据、人工智能等先进技术，能够更精准地定位用户需求，为用户提供更加个性化的服务体验。智慧图书馆的服务通过与用户的互动，不断优化和改进服务内容，更好地满足用户的需求，推动知识的传播和应用。通过这种方式，智慧图书馆的服务不仅能够促进知识的传播和应用，还能推动社会整体的创新和进步，实现知识与生产力的有机结合，为社会的可持续发展注入新的活力。根据国内外学者的研究，智慧图书馆的服务模式主要有智慧化的基础服务、嵌入式的学科服务、移动图书馆服务三种模式。

### 一、智慧化的基础服务

智慧图书馆的基础服务主要包括流通阅览服务、空间管理服务等。

### （一）流通阅览服务

流通阅览是最基础的读者服务工作，主要包括图书和期刊等纸质图书的借阅工作等。流通阅览服务主要涉及智能书架、自助借还服务等。

1. 智能书架

智能书架系统能够实时地对书架上的图书进行管理和监控，运用了高频 ISO/IEC15693 RFID 技术，具备馆藏图书监控、清点、查询定位、错架统计等多项功能，能够实现对在架图书的单品级识别，提高图书馆管理的效率和精确度。智能书架系统能够迅速响应图书的移动，实时更新图书状态，是一种高效、准确的图书管理工具。智能书架系统在图书、档案和文件管理等多个领域展现出巨大的应用潜力，配备了多个 RFID 读写天线，可全面覆盖书架区域。通过读取书架上图书的 RFID 信息，系统能够精确地追踪图书的借出和归还时间，从而为图书馆提供详尽的图书流通信息。智能书架系统能够帮助图书馆实现对图书流通情况的可视化管理，不仅为读者提供更加便捷的图书检索服务，同时减轻图书馆人员的工作负担。

（1）智能书架产生的背景

在传统的图书馆管理中，RFIO 技术被广泛应用于图书的识别与追踪。每当新书入库，馆员便会依据《中国图书馆分类法》的标准将它们归类上架。然而，数据库中记录的图书位置信息仅包含类号和分类排架号，这使读者在寻找图书时往往需要耗费许多时间。人为操作的局限性导致图书错放的情况时有发生，这不仅给读者带来了不便，也降低了图书借阅的效率。馆员在进行顺架工作时，通常需要采用原始的人工清点方法，不仅效率低下而且体力消耗大。在数字化时代，这种传统的管理方式已经难以满足现代图书馆服务的需求。

智能书架系统具有文献自动识别和快速清点的功能，可实现对书架上文献的实时扫描、准确记录、架位信息的即时更新，显著提升了图书管理的工作效率，并且能够实现图书的精确定位管理。智能书架系统能够实时追踪图书的具体位置，精确到书架的某一层，读者可以实时地定位某本书的具体位置，使借阅过程更加高效。借助智能书架系统，馆员完成顺架工作只需通过软件系统启动顺架功能，甚至系统能够自动识别并启动顺架功能，极大地简化了图书馆的工作流程，智能书架系统在数字图书馆中的应用为读者和馆员带来了前所未有的便利。

（2）智能书架的原理

智能书架通过在传统书架中嵌入 RFID 设备，并为每本图书配备 RFID 标签，使图书管理人员能够轻松地对书架上的图书进行实时清点和定位。RFID 标签记录着图书的详细信息，如书名、作者、分类号等，智能书架的 RFID 设备可迅速扫描并读取这些信息，提高图书管理的效率，为读者提供更为便捷的检索服务。在技术层面，智能书架采用了多种先进技术，包括天线阵列技术、多路切换技术、电磁场信号控制技术等，这些技术的综合运用，使 RFID 设备能够对书架上的图书进行精确定位，通过控制每层 RFID 设备的读取范围，智能书架能够确定每本图书的位置。智能书架管理系统是实现智能书架功能的关键，具备实时监控智能书架运行状态的能力，能够准确识别书架上书籍的具体信息，将识别到的图书数据信息上传到图书馆的管理系统中，并将这些数据存储在系统服务器的数据库中，确保图书信息的准确性和可追溯性。

在现代图书馆管理中，拥有实时监控功能的后台软件不仅能够追踪每本图书的流通信息，还能够记录图书的借阅历史和当前状态，从而为读者提供更为便捷的服务。RFID 技术的应用极大地简化了图书上架的操作流程，提高了工作效率。此外，智能书架的动态管控机制能够实时监控图书的摆放情况，一旦发现图书错放，系统会立即发出提示，引导工作人员纠正，这种智能化的管理方式能够有效减少人为错误，提升图书馆的整体服务质量。全馆盘点工作曾经是工作人员的一项耗时耗力的任务，但借助先进的系统，盘点工作会变得非常轻松。系统会自动记录并统计所有图书的在架情况，馆员在系统中进行操作即可完成盘点工作。该系统支持有线及无线通信方式，图书馆的管理者和读者可以通过便携式设备如掌上电脑（PDA）等实现无线连接，随时随地进行信息检索。读者还可以通过手机预订图书，系统会即时告知他们预订的书籍所在书架的层数和位置，这能够节省读者在图书馆内寻找书籍的时间，使整个借阅过程更加便捷。更为重要的是，系统提供的定位信息是实时更新的，能够确保读者获取最新的图书位置信息，这种技术的革新提高了图书馆的管理效率和服务质量。

（3）智能书架的功能

智能书架系统的集群部署采用的是 TCP/IP 方式，确保了系统间的高效互联与数据同步，这一系统与图书馆管理软件系统保持实时数据通信，从而实现了对于图书的实时监控。在图书馆管理系统的统一调度下，智能书架系统能够有效执行各项任务，包括图书的定位、借阅状态的更新、库存的监控等。RFID 模块作为智能书架系统的核心组件，负责采集图书标签信息。RFID 模块在捕捉到图书标签信息后，会迅速将这些信息传送至图书馆管理系统，实现高效的图书管理和检索。此外，智能书架系统支持二十四小时在线监控。

智能书架系统能够实现对馆藏图书的盘点、定位、快速查询，它与图书馆自动化系统之间的无缝对接，极大地提高了图书管理的效率。该系统能够生成在架图书的清单，并将这些数据自动传输至图书馆自动化系统，确保信息的实时更新。通过与借出图书清单进行比对，该系统能够生成遗失图书的清单。基于遗失清单，该系统能够自动更新每本图书的状态，确保数据的准确性。在进行在架图书盘点时，该系统的报警提示功能可以有效降低图书错放或遗失的风险，该系统生成的在架和错架图书正确位置的清单，能够帮助图书管理员快速定位图书，进而提升读者的借阅体验。

智能书架系统具有多媒体虚拟书架查询与电子资源展示的功能，通过液晶触摸显示屏，为读者和馆员提供更为直观和便捷的图书查询体验。读者可以通过显示屏查询图书的实际位置，从而快速找到自己所需的资料。显示屏上的交互式界面设计使得操作简单易懂，即便初次使用也能迅速掌握操作流程。对于馆员而言，该系统不仅简化了图书在架、错架、上下架情况的查询和跟踪工作，还凭借实时更新的数据，提高了图书管理的效率和准确性。智能书架系统的设计充分考虑了用户体验，其现代化的交互方式和高效的管理功能，为图书馆的数字化转型提供了有力支持。

智能书架系统能够对读者的阅读习惯进行统计分析，智能书架天线的固定组件与接线采用了隐蔽式固定方法，简化了安装过程，减少了后期的维护工作，使图书馆工作人员能够更加高效地管理书架系统。在数据统计分析方面，智能书架系统能够依据图书馆数学模型对读者的借阅行为进行深入分析，了解读者的阅读偏好、借阅频率、阅读时间等关键信息，进而为读者推荐他们可能感兴趣的书籍，或是调整书籍的摆放位置，提升读者的阅读体验。

2. 自助借还服务

自助借还服务彻底改变了读者与图书馆的互动模式，读者可以在任何时间借阅和归还图书。自助图书馆内部配备了书架、还书箱和计算机操作台等设施，能够容纳数百本书籍。通过一台集成了先进科技的自助图书馆服务机，读者可以实现借书证的办理和图书的借还，享受预借送书服务。这种自助服务方式，不仅提高了图书馆的空间利用率，还减少了读者在图书馆内排队等候的时间，使借阅流程更加高效。

### （二）空间管理服务

空间管理服务主要包括门禁管理和自习室（阅览室）占座服务两方面。

1. 门禁管理

随着校园数字化水平的不断提高和信息化建设的逐步推进，校园内的信息资源得到了有效整合。校园一卡通系统是校园信息化建设中不可或缺的一部分，其与学校推进的统一身份认证、人事管理、学生工作管理等信息系统和应用系统紧密结合，通过共享身份认证机制，实现了数据管理的集成与共享，避免了资源的重复投入，加快了信息化建设进程，并为系统间的资源共享奠定了坚实的基础。图书馆的门禁管理主要依赖于校园一卡通系统来实现。

校园卡内记录了持卡人的个人身份资料、门禁控制信息、图书借阅资料、计算机机房管理信息等，将餐饮卡、借书证、上机证、考试证等多种证件的功能集于一身。学校各部门的信息系统能够通过校园卡进行身份识别和相关管理操作，从而实现对校园资源的合理分配和使用。信息的集成使校园卡成为一个多功能的管理工具。例如，在考勤方面，校园卡可以记录学生的上课出勤情况，为教师提供准确的考勤数据；在个人身份认证方面，校园卡可以用于图书馆借阅、语音教室使用、计算机上机操作等场景，确保校园资源的合理利用和管理。通过这些功能，校园一卡通提高了校园管理的效率和安全性。

在图书馆的一楼大厅入口处，一般会设置门禁卡系统，读者想要进入图书馆，必须使用校园卡刷卡。门禁管理系统利用物联网技术调取读者的身份数据，从而提升图书馆的安全性，提高管理效率。

2. 自习室（阅览室）占座服务

图书馆设有很多阅览室，部分图书馆会专门设置自习室供读者使用。因此，常常会发生图书馆占座现象。图书馆选座系统就是为了解决学习空间不足和占座秩序混乱的问题而推出的。

自习室座位管理系统是图书馆信息服务系统的重要组成部分，让学生能够实时了解自习室的座位情况，学生可以通过该系统查询哪些自习室目前处于开放状态，以及各自习室内当前的在座人数，同时，图书馆的相关管理人员也能够在该系统上对自习室的座位情况进行更新，从而使自习室资源得到合理分配，提升自习室的资源使用效率。

## 二、嵌入式的学科服务

2003 年，学术界提出了一个前瞻性的构想，即倡导科技信息工作应对传统的文献工作流程进行优化与升级，突破以往阵地化的局限，依据科学研究的内在需求，如学科、专业或项目等，构建数字化和知识化的信息服务模式。“学科化知识服务”这一新理念表明，科技信息人员和组织不再仅仅是信息的提供者，更是知识的创造者。这种服务模式的转变，使科技信息工作能够更加紧密地与科研活动相结合，强调跨学科的合作，鼓励信息人员与科研人员之间进行更频繁的交流和互动，以促进知识的共享和创新。“学科化知识服务”基于用户需求、科研过程、知识发现与集成，致力于打造一个开放整合、动态定制、协同交互的环境，在这个环境中，各种服务和手段有机融合，知识服务和知识管理机制被有机嵌入科学研究的各个环节。基于这一理念，学科服务（也可称为学科化服务或学科信息服务）的概念应运而生，它不仅为图书馆界提供了新的研究视角，也成为图书馆服务创新的重要方向。

学科服务是一种具有革新意义的服务模式，它在服务理念上与传统的学科馆员服务有着本质上的区别，但二者之间仍存在联系，学科服务的任务依旧是为学科组织提供支持，主要执行者依然是学科馆员。从广义上来说，传统学科馆员服务可以被视作学科服务的雏形，是学科服务发展的早期阶段，当前的学科服务则是传统服务的进一步拓展和深化。为了便于学术研究和区分，我们可以将传统的学科馆员服务称为第一代学科馆员服务，将学科服务称为第二代学科馆员服务。

1993 年，达文波特和拉里·普鲁萨克在其著作《公司资料库的产生》中，向馆员提出了具有前瞻性的建议，他们认为馆员应成为信息流通的桥梁，应积极地走出图书馆，深入各行各业之中，主动探寻信息需求者与信息持有者的真实需求，帮助双方建立有效的联系，从而促进知识的传播与应用。这一理念的提出为图书馆服务的发展指明了新的方向，许多馆员采纳了他们的建议。这种新的服务模式及随之而来的新型岗位后来被称为嵌入式服务和嵌入式馆员。大卫·舒马克尔在其研究中深入探讨了嵌入式学科馆员的角色和职责，他指出馆员不应局限于传统的图书馆服务，而是需要深入学术研究前线，搜集最新信息，确保用户能够及时获取最前沿的研究成果和资讯。在搜集和管理团队知识方面，馆员需要建立和维护知识库，获取和组织团队内外的信息资源，帮助团队成员有效利用知识资源。舒马克尔进一步阐述了图书馆嵌入式服务的三种模式：物理嵌入、组织嵌入和虚拟嵌入。物理嵌入是指服务人员从图书馆实体空间转移到用户的物理空间，直接在用户的工作环境中提供服务。组织嵌入式服务的经费通常由用户方来提供，用户方甚至还可以直接参与经费的管理。虚拟嵌入指的是馆员在用户的虚拟空间提供服务，这种服务通常是针对特定需求而设计的。

实质上，图书馆嵌入式学科服务是一个发现资源与知识的过程，是在用户需求与技术的驱动下开展的。在信息时代，大数据和物联网技术的融合应用深刻地影响着图书馆服务的运作模式。这些技术不仅提高了用户信息处理的效率，还通过嵌入用户环境实现了数据关联，为用户提供了更为便捷的分布式访问和跨机构数据关联服务。图书馆资源建设和技术应用的环境正经历着前所未有的变革，大数据和云计算技术的引入，为图书馆的新型服务能力建设提供了坚实的技术基础和广阔的发展空间。许多图书馆意识到了馆员专业能力的重要性，因此设置了综合业务培训课程，目的是提升馆员的专业技能和综合素质，使他们能够更好地适应图书馆多样化服务的需求，更好地服务于读者和用户。一些图书馆从专业教学、管理决策等视角出发，深入探索构建新型服务能力建设的途径，形成了针对特定服务的团队服务模式，旨在为用户提供更加专业、高效和个性化的服务体验。

图书馆拥有丰富的馆藏资源，涵盖了各个学科领域，能够为用户提供学习和研究材料。此外，图书馆还配备了专业的学科馆员，他们具备深厚的学科背景和专业基础，能够针对学习者的需求提出指导和建议。图书馆拥有独特的学科资源获取渠道，能够确保用户获取国内外最新的学术资源，保证资源的时效性和前沿性。图书馆致力于整理优质学科资源，通过分类、编目和数字化等手段，使资源更加易于获取和利用。并且，图书馆还不断提高学科服务质量，通过优化服务流程、提升服务态度等方式，为学习者提供更加便捷、高效的服务。未来，图书馆要加强学科建设与服务建设，并在建设过程中彰显图书馆的服务特色，不断提高学术地位和综合竞争力。随着信息技术的快速发展，新兴技术在学科服务领域的应用日益广泛，为科研人员提供了获取新知识的便捷途径。此外，这些技术的应用还为吸引和培养高层次人才创造了有利条件，通过构建智能化、个性化的学习和研究环境，增强了学科的吸引力和竞争力。同时，学科服务的有序进行也促使图书馆不断强化新型服务能力建设，提升了学科馆员的综合素养，提升了用户的服务体验。

### （一）嵌入式学科服务的要求

随着移动互联网技术的快速发展，图书馆在新型服务能力建设的过程中要与时俱进，通过提供个性化和定制化的服务来提升用户体验，从而增强服务的针对性和有效性。面对新环境的变化，图书馆需深入分析用户行为，了解他们在学术研究、课程学习和专业发展中的具体需求，进而设计出更加贴合用户需求的服务模式。此外，图书馆应充分利用现代技术手段，如大数据分析、人工智能等，以实现对用户需求的精准预测，为用户提供更加个性化的服务。

1. 有效对接用户需求

随着数字技术的快速发展，数字化信息资源逐渐成为图书馆的重要馆藏资源，这些资源不仅易于获取，而且阅读更加方便。相关研究表明，越来越多的读者倾向于使用智能手机、平板电脑等设备进行电子阅读，纸质阅读时间逐渐减少。当前，图书馆已经不再局限于书籍收藏和书籍借阅，正在逐步转变为一个多元化的公共信息传播平台。在这个平台上，用户不仅可以进行各种信息的检索和查询，还能登录数字图书馆，参与各种在线讨论。通过这样的互动，用户可以发表自己的观点和见解，与他人分享知识和经验。图书馆借助大数据技术，对用户的社交媒体平台和搜索引擎中的信息进行挖掘和统计分析，筛选出对学科服务具有指导意义的数据，了解不同用户群体的阅读需求和偏好，为用户服务提供有力支持。此外，图书馆还能够通过阅读推广活动了解用户的阅读偏好，根据用户的个性化需求为其提供更加精准的服务。

2. 嵌入学习科研过程

在当今知识爆炸的时代，图书馆的用户群体涵盖了广泛的专业领域，他们拥有不同的学术背景和研究方面，对专业知识的需求呈现出多样化的特点。许多用户对学术界的最新动态保持着关注，希望能够及时获取研究对象方面的前沿成果。为了满足这一需求，图书馆必须深入用户的学习和科研活动之中，采集、整理和汇总学术知识，构建以用户为中心的服务模式，帮助用户更有效地获取和利用信息资源，推动知识的创新和传播。数字技术的广泛应用，使学科知识的获取更加便捷，不仅提升了信息检索的效率，还拓宽了知识获取的渠道，同时对信息管理与服务提出了新的要求。图书馆在提供传统服务的同时，要能够适应数字化时代的变化，满足用户对于信息的即时性和准确性需求。学科馆员的角色也因此发生了转变，他们不只是图书资料的管理者，而是转变为信息的导航者。通过融入用户环境，与用户进行深入的交流和互动，并建立交流沟通机制，学科馆员能够更好地理解用户的需求，为用户的学习、科研提供定制化的支持和指导。

3. 倡导融合与创新

在移动互联网背景下，信息技术的跨界融合及创新驱动成为发展的主要趋势，学科知识来源日益多元化，从传统纸质书籍到电子数据库，从学术期刊到在线论坛，多种渠道的知识汇聚，为研究者提供了前所未有的丰富资源。面对新时代学科服务的变革，图书馆应借助新兴技术和方法加强学科服务建设，制定切实可行的服务策略，以更有效地整合跨学科信息。图书馆应积极应用大数据分析、人工智能等前沿技术，强化与学科用户的互动，重视各学科间的融合与创新，更深入地理解用户需求，预测学科发展趋势，并据此调整服务内容和方式，提升服务的智能化水平。此外，图书馆工作人员应不断学习和掌握新的知识与技能，以适应快速变化的信息环境。

### （二）嵌入式学科服务模式的内容与形式创新

图书馆借助信息技术在新型服务能力的建设上取得了显著进展，在用户的兴趣偏好分析方面也有良好的表现。此外，图书馆还能够根据用户的阅读习惯、借阅记录、反馈信息对用户群体进行细致的划分，确保服务能够满足特定用户群体的需求。借助先进的信息技术，图书馆实现了虚拟空间与物理空间的巧妙融合，这不仅有助于提高用户对图书馆的关注度，还能够有效提升学科知识的转化率，促进知识的交流与传播。

1. 服务内容精准定位

在信息技术快速发展的时代背景下，图书馆应该积极、主动地引入并运用大数据技术，以应对用户的多样化和个性化需求。图书馆可以运用定制化的算法对不同的搜索引擎和网络平台进行分析，从而打破传统服务理念的局限，拓展服务的广度和深度。大数据技术的应用使图书馆能够充分实现以用户为中心的服务宗旨，确保服务内容与用户需求无缝对接。通过信息的逐层处理和智能分析，图书馆能够提供更加贴合用户实际需求的服务，从而提升用户体验，增强图书馆的竞争力和影响力。此外，大数据与即时通信工具的结合，为信息资源的高效整合提供了可能。图书馆可以利用大数据技术生成个性化的服务内容，为用户提供更加具有针对性的信息资源，从而更好地满足用户的学术和研究需求。

2. 基于新媒体的交互方式

在移动互联网快速发展的时代，用户能够通过微信、微博等新媒体工具实现信息的分享与转载。人们的阅读时间和阅读内容都显现出碎片化的趋势，图书馆借助新媒体工具，可以更有效地推广资源和服务，使用户能够随时随地获取所需信息。此外，通过将学科服务嵌入移动终端，图书馆能够与用户建立更紧密的联系，了解用户的具体需求，并为用户提供更加个性化的服务。图书馆能够利用新媒体工具的即时性和互动性特点，及时发布最新的学术资讯和研究成果，构建一个与学科服务紧密相连的内容平台。通过这样的平台，图书馆能够及时更新信息，还能够打造一种依托新媒体的社群模式，加强与用户的沟通和交流。嵌入式学科服务是一种点对点的服务模式，其核心在于深入用户需求，为其推送定制化的信息。图书馆可以运用智能手机等移动终端设备，结合先进的数据分析技术，捕捉用户的阅读偏好和学术兴趣信息，从而向用户推送与其研究领域紧密相关且高度个性化的内容。

3. 虚拟空间与物理空间的融合

随着移动互联网技术的快速发展，传统的物理空间限制已被打破，这极大地促进了信息的自由流通，也为图书馆线上到线下服务模式（Online To Offline，O2O）的构建提供了便利条件。在这样的背景下，图书馆面临着转型与升级的挑战。通过与科研机构紧密合作，图书馆能够整合双方的人力、物力和财力资源，打造一个集科研与学习于一体的综合性空间。在这个空间中，学科馆员的角色将被重新定义，他们不再仅是信息的提供者，而是成为科研过程的积极参与者与合作者。为了促进用户之间的在线交流与讨论，图书馆可以设计符合社群需求的虚拟群组，并利用先进的信息技术，如人工智能和大数据分析技术来进一步优化虚拟空间的用户体验，更好地理解用户行为、预测用户需求，并为其提供更加精准的信息资源和服务推荐。同时，图书馆还应注重提升虚拟空间的互动性和参与感，将虚拟空间与物理空间有机结合，让用户在获取学科信息的过程中获得更加丰富的体验。

### （三）嵌入式学科服务模式协同创新平台的建立

在当今社会，信息环境的快速发展和用户需求的不断更新，对图书馆的服务模式提出新挑战，图书馆必须与时俱进，与科研院所、高等教育机构等携手并进，共同探索和实践新服务模式。为了实现可持续发展，图书馆必须注重多种关键要素的综合重构，不断提升服务效能和效率。通过理解嵌入式学科服务的深层要求，以及不断创新学科服务的内容与形式，我们能够有效地整合与嵌入式学科服务相关的各项要素，实现资源的优化配置和高效利用。在这一过程中，构建一个适应图书馆内外部环境的协同创新平台，能够实现对物力资源的优化配置、人力资源的合理调配以及知识内容的深入挖掘和整合。

1. 沟通

在图书馆的日常工作中，学科馆员应主动与读者交流，及时了解并掌握读者的实际需求，还可以通过问卷调查、读者访谈等方式，及时收集读者对服务和资源的直接反馈，洞察学生、研究人员、业余爱好者等不同用户群体的特定偏好，从而为用户提供更加个性化的服务。为了进一步提升服务质量，图书馆要积极运用大数据技术，主动收集用户的学科背景、科研成果、查询次数、线上信息活动等相关信息，并进行归纳和整理。通过科学的方法和工具，将这些原始数据转化为有价值的分析报告。学科馆员若想提供高质量的嵌入式学科服务，必须深入理解用户的具体需求。为此，学科馆员需积极拓宽与用户的沟通渠道，利用社交媒体、学术期刊和专业会议等平台加强宣传推广，扩大学科服务的影响力。同时，学科馆员应主动嵌入用户的科研过程，通过参与项目会议、提供文献综述和研究数据管理等服务来支持用户的科研工作。在这一过程中，及时接收用户的反馈信息至关重要，这可以帮助学科馆员了解服务的实际效果并根据用户的建议和需求完善服务。

2. 协作

在图书馆的嵌入式学科服务实践中，实现员工的明确分工和岗位职责的精准定位是至关重要的，图书馆应营造一个以用户利益为核心的工作环境，鼓励团队成员进行协同合作和信息共享，尊重每一位服务人员，认可他们在服务过程中的独特价值，并为他们提供施展才华的机会。此外，学科馆员的角色不应仅限于信息的提供者，而应转变为教学和科研的积极参与者，从而加强与用户的协作。学科馆员应主动融入用户的学术活动，更深入地理解用户的需求，从而提高嵌入式学科服务的质量和效率。

3. 优化

在加强新型服务能力建设的同时，图书馆要积极推动知识的融合与共享，通过引入先进的信息技术和管理方法，不断优化服务流程，提高服务效率。图书馆还要致力于打造一个开放包容的环境，鼓励跨学科的交流与合作，促进知识的多元化发展，鼓励学科馆员与用户之间开展深度合作，促进资源的优化配置，构建更加智能、高效和用户友好的服务模式，为学术研究和知识传播提供强有力的支持。

## 三、移动图书馆服务

### （一）移动图书馆发展脉络

移动图书馆（Mobile Library），又称为“流动图书馆”。其早期形式丰富多样，从卡车图书馆、汽车图书馆，到更为原始的毛驴图书馆，这些形式各异的移动图书馆，都是人们在知识需求的驱动下所采取的文化传播和普及的方式。在信息时代，移动图书馆的概念已经深入人心，它指的是通过移动数字装置，如智能手机和平板电脑等来实现信息的获取和检索。利用数字图书馆应用软件，用户能够享受书目检索、电子书籍阅读、期刊全文浏览等多种便捷服务。自 2000 年起，国外的一些高校开始使用 PDA 等便携式智能终端设备为学生提供图书馆信息服务，学校通过短信为学生提供图书查询与信息检索服务，学生能够随时随地通过短信或彩信获取所需书籍的位置与借阅状态等信息，图书馆的信息服务部门也通过这一创新手段与读者实现了更紧密的互动，提升了服务质量，提高了读者的满意度。随着互联网技术的不断进步和无线通信技术的快速发展，无线应用协议作为行业标准，成功地将互联网资源与前沿业务整合至无线终端，这一变革不仅对个人通信产生了极大影响，还影响了包括移动图书馆在内的多种服务行业。智能手机所具备的二维码扫描、定位服务、地图导航等附加功能，也为移动图书馆的功能创新提供了条件，满足了现代读者在快节奏生活中对信息获取的需求。

在信息化社会的背景下，移动图书馆服务的发展不仅体现了图书馆服务模式的创新，更是图书馆利用现代科技手段深化服务内涵、拓展服务范围的具体反映。读者在数字图书馆系统的网站注册时，图书馆能够通过验证码验证方式确认读者身份，这不仅简化了身份验证的流程，还提高了服务的便捷性和安全性。通过短信服务等功能，图书馆能够及时向读者传递图书借阅信息、活动通知、个性化推荐，从而丰富读者的阅读体验。

### （二）移动图书馆服务模式的重要意义

随着无线网络通信技术的快速发展，移动图书馆服务模式应运而生，这不仅是一种技术上的进步，也是图书馆服务理念与现代信息技术有机结合的体现。移动图书馆服务模式的核心理念在于，通过整合资源为用户提供综合性的阅读体验，并通过提升用户体验，使知识的获取变得更加便捷和个性化。移动图书馆服务模式的出现，使图书馆能够借助智能手机、平板电脑等移动设备为用户提供信息服务，满足用户在不同情境下的阅读和学习需求。然而，在推广移动图书馆服务模式的过程中，整合异构信息资源是一项复杂且艰巨的任务，这一任务不仅需要考虑技术层面的兼容性和可操作性，还要兼顾用户体验的连贯性和便捷性。图书馆必须运用先进的数据整合技术，将系统整合为标准化的统一信息源，秉持用户友好的设计原则，确保不同知识内容、文献格式、检索方式、用户界面的信息资源能够在有效的信息交换网关作用下，被其他信息环境所利用。此外，随着移动设备的多样化和用户需求的不断变化，专家试图通过结合开放协议、元数据的互操作、元整合的策略来打破不同系统和平台之间的壁垒，实现数据的自由流通和高效利用。在当今时代，用户对于信息的获取方式和体验要求日益提高，移动图书馆的出现正是对用户多样化需求的积极响应。用户体验系统的建设涉及人机工程学、心理学、设计艺术学、美学等多个学科领域的知识。在技术层面，移动图书馆的开发需要紧跟移动技术的最新发展，利用先进的移动设备和应用，采用多样化的信息展示策略，对信息进行有效的组织与加工，按照人性化和情感化的设计原则，对信息进行“压缩”并展示，旨在满足用户的使用需求，提升用户在使用过程中的愉悦感和成就感，进而增强用户满意度。图书馆是维护信息公平和知识权益的公益性社会机构，如何把握移动技术进步带来的机遇来进行服务模式创新、拓展服务功能，为社会提供全面、便捷的知识服务，已成为图书馆亟待解决的问题。

移动图书馆服务模式打破了学习在时间和空间的限制，不仅促进了知识的普及和传播，还为终身学习理念的实践提供了有力支持。用户通过移动设备，能够突破时空限制，随时随地访问图书馆的电子资源，这不仅极大地提高了馆藏资源的利用率，丰富了用户的阅读体验，也使知识的传播和获取变得更加高效和便捷。通过运用多种信息化手段，如移动应用、在线数据库访问等，图书馆能够有效实现信息资源的整合与优化，向用户提供更加多样化的信息与图书资源服务，并能够依据用户的基本资料、阅读历史和偏好向他们推荐适宜的阅读信息资源，从而满足用户的个性化需求，改善用户的阅读体验。

### （三）移动图书馆服务模式的构建

#### 1. 信息管理服务模式

数字技术的发展和信息的爆炸式增长，对图书馆的信息存储能力和信息查询能力提出了挑战。由于缺乏有效的筛选和检索手段，用户在面对海量的信息和资源时，往往会感到无从下手，难以找到真正符合自己需求的信息。图书馆应借助移动服务平台，为读者提供图书信息管理和导航服务。图书信息管理系统能够依据用户提供的需求信息，对馆藏资料进行全面、系统的挖掘与整合，帮助用户快速定位所需图书资料的位置，还能够通过智能分析揭示不同资源之间的关联性，为用户提供更全面、深入的信息资源。为了更好地满足用户需求，图书馆还应充分利用大数据、人工智能等先进技术，建设智慧化的导航库，对用户的行为和需求进行深入分析，从而为用户提供更精准、个性化的导航服务。

2. 定制与推送服务模式

在数字化时代背景下，人们获取知识的方式和阅读习惯发生了显著变化。图书馆需要为用户提供更加个性化的推送服务，满足用户日益多元化的信息资源需求。

（1）图书馆要致力于向用户提供定制化的服务

在当今时代，图书馆的角色正逐渐从传统的资源提供者转变为信息的引导者和知识的促进者。为了适应这一转变，图书馆要不断探索和创新服务模式，通过智能分析用户的阅读历史、借阅偏好、搜索行为，深入理解每位用户的需求，为用户量身打造个性化服务，满足不同群体对图书信息资源的多样化需求。具体而言，图书馆提供的个性化定制服务包括：首先，为用户提供专业且个性化的图书信息检索与导航服务，确保用户能够便捷地获取所需信息；其次，在信息资源整合方面，向用户提供集成化且个性化的图书信息资源；最后，在信息推送环节，依据用户的兴趣和习惯，定期向用户推送定制化的信息。通过使用这些个性化定制服务，图书馆能够不断优化服务内容和形式，提升用户满意度。

（2）图书馆要为用户提供个性化推送服务

在数字化时代，图书馆的信息推送服务种类日益丰富，涵盖馆藏资源分布、新书推介、活动通知等多方面内容。为了更好地服务用户，图书馆要利用先进的软件技术自动分析用户的阅读偏好和历史行为，并通过短信、电子邮件、微信、QQ 等多种通信方式开展个性化推送服务。这种服务模式不仅能够提高信息的传递效率，还能够提升用户体验，使用户更加便捷地获取信息资源。

3. 个人自助服务模式

个人自助服务模式允许用户通过移动服务平台进行图书馆信息查询、阅览及其他相关操作。该模式要求用户掌握基本的电子设备操作技能，同时具备一定的信息检索能力，以便能有效查找到自己需要的资源。个人自助服务是由用户自主操作完成，在一定程度上能够减轻图书馆工作人员的工作压力。但是，个人自助服务系统需要由专门的工作人员进行维护和更新，这不仅需要技术上的投入，还需要图书馆持续收集用户的反馈信息，并及时对系统进行升级和优化，以确保服务能够适应用户的需求变化。

4. 参考咨询服务模式

随着信息技术的快速发展，图书馆移动服务功能逐渐实现了智能化，智能化参考咨询服务模式应运而生，标志着图书馆服务方式的一次重大变革。通过采用这种服务模式，数字图书馆能够根据用户的阅读习惯和兴趣为其推送定制化的信息，从而为用户提供一种全新的移动服务体验。

（1）提供实时信息服务

图书馆通过智能推送系统，能够精准地向用户发送他们所关注的实时新闻、最新资讯及各类信息，使用户能够更加高效地获取有价值的内容。

（2）提供异步参考咨询服务

由于时间差、地理位置的限制或是技术障碍，用户与专家之间的实时交流互动可能受阻，用户所掌握的信息可能滞后于专家所提供的最新研究成果或观点。面对这种挑战，图书馆可以为用户提供数字图书馆异步参考咨询服务，帮助用户收集和整理专家提供的信息、观点或解决方案，对信息进行筛选和优化，为用户提供参考，解决他们在工作和学习中遇到的难题。数字图书馆异步参考咨询服务，能够在用户无法与专家及时沟通的情况下为用户提供专业的参考信息，提高资源的利用效率。

（3）提供综合参考咨询服务

图书馆可以通过分析用户的学术背景和兴趣方向，为他们量身打造个性化的服务方案。专家辅导、资源导览等综合性的参考咨询服务，能够为用户带来更加便捷、高效的移动服务体验。

### （四）5G 模式下新时代移动图书馆服务模式发展

1. 5G 模式下移动图书馆服务

（1）信息共享服务

在当今时代，5G 通信技术的快速发展为图书馆信息资源的全面整合带来了前所未有的机遇。通过先进的通信技术，图书馆能够与全球范围内的信息网络建立紧密的联盟关系，从而打造一个互联互通的信息共享平台。这一平台不仅能够为用户提供更加全面的信息资源，还能够借助高速的数据传输技术和智能的检索算法，使用户更加快捷地找到所需的信息资源，提升信息检索的速度和准确性。

（2）信息推送服务

系统能够持续监控用户行为，包括搜索历史、浏览记录、点击行为等，从而获取用户的信息需求。获取这些信息后，系统会对用户数据进行挖掘与整理，形成结构化的用户信息档案，并依据这些用户信息档案为读者推送与信息服务高度相关的内容，提升用户的信息获取效率与满意度。

（3）读者咨询服务

5G 概念下的专业咨询服务依托于先进的网络技术，能够使专家跨越地理界限，为客户提供即时的技术支持和解决方案。5G 技术的高速度和低延迟特性打破了传统咨询中时间和空间的限制，使团队协作更加紧密高效。在 5G 网络技术的帮助下，用户可以通过网络视频召开学术研究会议，实现可视化咨询。总之，5G 技术的应用有助于图书馆拓宽读者咨询服务范围，提升服务质量。

（4）读者远程教育服务

5G 模式下的移动图书馆服务使读者能够打破空间和时间的限制，可以随时随地浏览电子书籍、学术论文、在线课程等多种形式的资源，并通过移动终端设备，根据自己的兴趣和需求，自由选择适合自己的学习内容。

（5）便捷、多样的电子阅读

5G 移动通信技术在多媒体互动方面呈现出显著优势，电子阅读领域发生了革命性的变革。5G 移动通信技术不仅大幅提升了数据传输速度和响应速度，还增强了网络的稳定性，使用户在进行电子阅读时能够享受到更加流畅和丰富的互动体验。

2. 实现 5G 通信移动图书馆的前期准备

人类科技的持续发展离不开理想和追求，它们是推动人类不断前行的内在动力。在当今社会，随着互联网的快速发展，信息的传递与交流变得十分便捷，这对图书馆的服务与管理提出了新的挑战。面对这一形势，图书馆的高层领导要深刻认识到5G通信技术对于图书馆未来发展的重要性，并积极采取行动，汇集来自不同领域、不同专业的专家学者，共同对5G通信技术在图书馆中的应用进行深入研究，并根据时代发展的特点制定行之有效的规划方案。

（1）资源建设

在当今时代，多媒体技术的持续发展、搜索引擎的优化及资源整合技术的发展，为图书馆的资源建设带来了前所未有的机遇。图书馆要深入分析多媒体资源发展的优势，并将其与图书馆的长远规划相结合，为用户提供更为丰富、多元化的数据服务。

（2）资源及服务标准化

在信息化时代，树立正确的资源服务理念尤为关键。图书馆要对现有资源进行优化配置，同时积极与信息技术设备供应商建立合作关系，推动资源与技术的深度整合，实现资源及服务标准化。此外，图书馆要加强技术上的创新和突破，注重用户体验，为用户打造一个更加智能、高效和便捷的数字服务环境。

（3）数据优化与数据安全

图书馆在不断追求技术进步的过程中，面临着优化数据库结构和确保数据安全性的双重挑战。随着网络技术的快速发展，数据安全已成为图书馆管理中不可忽视的关键问题。图书馆要确保数据库的稳定性得到保障，不但要对数据库进行加密保护，还应定期对数据库进行安全检查和维护，及时发现并修复潜在的安全漏洞，从而为读者提供一个安全、稳定、可靠的信息资源环境。

3. 移动图书馆融入5G移动互联网时代的思考

通过提供广泛的知识资源、资料和信息服务，图书馆不仅满足了人们获取知识的需求，还推动了社会文明的进步和文化的交流。图书馆未来应注重提供与基础知识内容密切相关的服务，确保能够在促进社会进步和文化发展方面持续发挥作用。

在当今时代，移动图书馆作为知识传播的重要平台，必须不断追求技术革新与服务优化。图书馆应紧跟时代发展的步伐，加强硬件建设，提高硬件的自动化和网络化水平。移动图书馆要加强互联网信息管理，提升用户体验，在净化网络环境方面发挥积极作用。5G移动互联技术的快速发展为移动图书馆提供了技术上的支持，极大地增强了其作为主流信息传播平台的竞争力和影响力。为了更好地满足读者的需求，移动图书馆需要积极组织和整合人力资源，对文献信息进行深层次的开发，为读者提供更加丰富多元和个性化的信息服务。

通过引入增强现实（AR）技术，移动图书馆能够为读者提供多元化和个性化知识服务。这种服务不仅能够丰富用户的阅读体验，还能极大地提升信息获取的效率和获取过程的趣味性。5G 移动互联网技术的快速发展为 AR 技术在图书馆的应用提供了强大的网络支持，使数据传输更加迅速和稳定，从而确保了 AR 体验的流畅性和可靠性。在这样的技术支持下，移动图书馆能够将文献和数据库中丰富的图像、音频及视频内容进行巧妙地叠加和整合，这种沉浸式的体验将增强用户的学习兴趣和参与感，使移动学习变得更加生动和有效。图书馆还可以利用 AR 技术为视障人士等有特殊需求的读者提供更加人性化的服务，让他们享受更加丰富的阅读体验。

## 四、区域图书馆联盟服务

### （一）智慧图书馆联盟可以极大提升信息服务能力

智慧图书馆服务体系的建设，能够推动区域内政治、经济、教育、科研等领域的信息共享和知识协同服务，这不仅有助于提升区域知识创新能力，还将促进知识的普及和应用，为建设智慧城市和智慧省域提供有力支撑。智慧图书馆将成为知识传播和创新的重要基地，为社会的可持续发展不断注入新的活力。智慧图书馆联盟的构建能够实现资源的共建和服务的共享，强化图书馆数据的互联互通和科学化管理，打破传统图书馆服务的局限性。在智慧图书馆时代，数字图书馆和移动终端的数据利用与交互功能将不断得到完善，为读者提供更加便捷和高效的服务。

1. 建立联盟共享平台，实现区域图书馆均衡服务

成立图书馆联盟的根本目的是促进图书馆之间文献资源的互补，提高各成员图书馆的资源利用率，解决文献信息资源匮乏与分布不均衡等问题。在智慧图书馆时代，图书馆联盟与科研机构、数据服务商之间紧密协作，不仅促进了知识的流通和信息的共享，还极大地提升了资源利用的效率。区域图书馆联盟致力于通过规划和调整资源建设的结构与布局来协调有限的经费，确保每一笔资金都能科

学、合理地分配和使用。为了进一步促进资源共享，区域图书馆联盟建立了共享平台，致力于完善区域文献资源保障体系，确保文献资源的完整性和多样性，以满足不同用户群体的需求。

2. 建立区域联盟服务平台，提供知识融合的信息服务

在互联网时代，图书馆联盟的建立象征着图书馆服务从封闭走向开放，从单一走向多元，从被动走向主动，使图书馆的信息资源不再孤立地存在于某个实体建筑或局域网络中，不同的图书馆在业务上能够加强联系与合作，共同构建协作化知识服务体系。图书馆联盟的建立扩大了各成员馆的信息资源储备，打破了传统图书馆服务的地域和行业壁垒，实现了信息资源价值的普及和增值，为读者提供了更为丰富和便捷的信息获取途径，也为图书馆之间的资源共享开辟了新的道路。随着信息技术的飞速发展，文献资源的形式经历了从传统的纸质文献到电子文献再到数字文献的演变。如今，文献资源已经扩展至移动终端设备信息和云端存储设备信息，文献资源形式的变化和内容的扩展得益于关联数据和语义化技术的广泛应用。借助智慧图书馆服务平台和语义网技术，图书馆能够精确标注与链接数据对象，从而实现对图书、期刊、论文、机构、作者，以及下载阅读数量等数据的有机整合。基于这些数据，图书馆能够构建以关联数据形式展现的知识图谱和基于知识图谱的数据系统管理与服务平台。这个平台能够使信息的检索、分析和应用变得更加高效和智能，极大地提升数据处理和知识发现的能力，从而促进知识传播和学术交流。

3. 建立联盟大数据分析平台，实现智慧服务

随着信息技术的快速发展，图书馆的服务模式也在不断演变，从传统图书馆到数字图书馆，再到智能图书馆、智慧图书馆，图书馆在不断地创新和适应，以确保其服务始终与时俱进。在传统的图书馆服务模式下，大部分知识都存储于图书馆内实体空间，用户需亲临图书馆接受服务；智慧图书馆的绝大部分知识资源存储于云端，通过大数据分析、人工智能推荐系统以及物联网技术，能够为用户提供更加个性化、高效的服务。借助云端大数据技术对用户的历史行为进行感知与评估，图书馆能够深入分析读者利用图书馆的模式和习惯，进而为其定制个性化的服务方案，满足不同用户的需求。此外，根据服务数据的变化，智慧图书馆联盟能够灵活调整用户服务工作，确保服务的持续优化和升级。

### （二）区域图书馆协作与智慧图书馆联盟构建

1. 系统内区域图书馆联盟

在区域图书馆系统中，主要有公共图书馆联盟与高校图书馆联盟两种形式。它们通过横向联合的方式，打破了单一化服务的局限，促进了图书馆之间的文献资源共享，加强了图书馆之间的协同合作，实现了资源的优化配置和知识的整合，提高了图书馆整体的服务质量和效率。

当前，许多省份和城市的图书馆正在积极开展联合服务项目，构建区域公共图书馆联盟。这些联盟整合各自拥有的资源，优化服务流程，并共享知识库，统一和规范区域公共图书馆的服务标准，扩大公共图书馆在社会上的影响力，为公众提供更便捷和高效的阅读服务。高等学校图书馆联盟一般由省图书情报工作委员会负责组织成立，多数为省级图书馆联盟，通常由教育厅领导。其主要目标是建立省内高校文献资源保障体系，实现高校间文献资源的互补，减少重复采购，节约资源。此外，高等学校图书馆联盟还致力于开展针对性的学科服务，为不同学科领域提供定制化的信息支持和研究帮助，从而提升区域高校图书馆的整体服务水平，为学术研究和知识创新提供有力支撑。

2. 跨系统区域图书馆联盟

随着科学技术和经济社会的不断发展，人们对文化的需求也在不断提升，用户对于信息的需求已经不再局限于单一领域，而是呈现出全方位和综合化的趋势。这种信息需求的综合化对图书馆服务提出了更高的要求。区域性跨系统图书馆联盟是一种由服务对象不同、文献资源建设特色各异的公共图书馆、高校图书馆和科研系统图书馆组成的跨系统的联盟，该联盟不仅能够为读者提供更多元和深入的阅读体验，还能促进知识的传播和文化的交流，推动社会整体文化水平的提升。

### （三）网格式区域智慧图书馆联盟构建

在智慧图书馆时代，数据互联、人机互联、不同的图书馆的互联，为图书馆的建设提出了新的要求，图书馆联盟的建设与运行必须采取新的模式，应构建网格式的区域智慧图书馆联盟，横向协同构建文献资源，实现资源的优化配置和高效利用，纵向深化用户服务工作，满足不同层次的用户需求，提高成员馆馆员的参与度，实现联盟的共建共享目标。

1. 建设层级制的区域智慧图书馆联盟

为了实现知识资源的共享与优化配置，省级区域图书馆联盟应基于省内各市级图书馆联盟进行建设。市级图书馆联盟包括区县公共图书馆以及城市所在地的高等院校图书馆、科研系统图书馆、医院图书馆，以及其他多元化的知识机构。这些图书馆通过共享资源，如图书、电子资料、专业数据库等，实现了知识的互通，为读者提供了更加丰富的阅读体验。

2. 建立区域智慧图书馆联盟业务工作协作组

省级图书馆联盟是一个覆盖全省的智慧图书馆联盟网络，作为市级图书馆联盟的协作体，其能够为城市图书馆和行政区域内的各类机构提供全面服务，有效促进区域政治、经济、教育和科学研究的发展。随着智慧社会和智慧城市建设的不断推进，市级和省级图书馆联盟面临着新的挑战和机遇。在构建以省图书馆为核心的联盟体系的过程中，图书馆可以在联盟内部设立多个业务工作协作组，分别负责参考咨询、文献建设、阅读推广、网络技术等，通过馆际间的交流与合作，明确每个成员馆在文献建设中的角色和职责，从而分层次地推进工作。此外，建立一个省（区）、市、县三级文献流转体系，有助于图书馆更好地满足区域内读者的多样化需求，这不仅涉及对采购策略的细致调整和优化，还包括对三级文献保障体系的不断完善。通过这样的协作机制，图书馆能够实现服务的完善与创新，使读者拥有更加优质的阅读体验。

3. 构建智慧图书馆联盟馆员开放式合作架构

图书馆联盟的发展应以人力资源的共享作为重要目标，以服务创新为基本动力，联盟中的普通馆员是联盟的基层服务力量，图书馆应为馆员提供一个思想碰撞和知识共享的空间，通过网络社区、微信群等渠道，为业务馆员搭建互动交流平台，突破传统行政式合作模式的限制，从而激发馆员的创新思维，让他们充分发挥自身的优势与智慧。这种以人为核心的共享与创新模式，不仅能够提升图书馆联盟的服务质量，也能够增强联盟成员之间的凝聚力，为图书馆事业的繁荣发展注入新的活力。在合作项目团队中，各馆馆员拥有不同的优势，例如，具备出色的数据分析能力的馆员，能够通过对智慧图书馆关联数据的深入挖掘，准确分析用户的阅读偏好和潜在需求；具有良好沟通交流能力的馆员，则擅长与用户进行互动，了解用户的真实想法，为他们提供贴心的服务；信息技术能力较为突出的馆员，能够负责构建和维护智慧图书馆的技术平台，确保各项服务的稳定运行。馆员通过借鉴、参考和合作，能够充分利用智慧图书馆的关联数据深入分析用户的需求，从而为用户提供更精准、个性化的知识服务和信息服务。同时，馆员之间非正式的合作行为也能够发挥重要作用。馆员之间相互支持、相互学习，共同提高工作能力和服务水平，不仅能提高联盟成员馆的工作参与度，还能够增强区域图书馆联盟的凝聚力，使各个图书馆之间的合作更加紧密，形成一个不可分割的整体。在这样的合作环境下，联盟各成员馆之间能够实现人力资源的合作共享，共同推动图书馆联盟的可持续发展。

# 第二章　知识服务概述

本章主要为知识服务概述，一共介绍了四个方面的内容，分别是知识服务的含义、特点，知识服务机制，知识服务流程及知识服务模式。通过这些内容的介绍，读者可以对知识服务有一个全面且深入的理解。

## 第一节　知识服务的含义、特点

### 一、知识服务的含义

知识服务是一种增值服务。它基于图书馆的实体馆藏资源以及网络虚拟资源，以用户的需求为导向，致力于提供和管理知识信息。它不仅能够实现信息的传递，还能够深入用户的决策过程；在用户面对复杂问题时，帮助用户找到或构建切实可行的解决方案。通过这种方式，知识服务能够极大地提升用户解决问题的效率和质量。知识服务的目的是帮助用户在复杂的信息环境中，有效地识别、获取、利用和创造知识，从而在工作和生活中做出更加明智的决策。知识服务的实施要求服务提供者具备深厚的专业知识和敏锐的洞察力，以便从各种显性和隐性信息资源中，针对用户的需要提炼出有价值的知识。知识服务是致力于帮助用户解决问题的服务，不仅能够为用户提供信息，还能够通过专业的服务帮助用户找到解决问题的方法，为用户提供全面的问题解决方案。知识服务是一个动态的、连续的过程，在这一过程中，知识服务人员会深入挖掘用户的需求，收集和分析用户信息，运用创新的思维和技术手段对知识进行重组和整合，从而提炼出真正对用户有价值的知识内容，形成符合用户特定需求的知识产品。知识服务是一种更为深入、更为全面的服务方式，旨在帮助用户更加高效地处理和利用信息，从而在学习、研究或工作中取得更好的结果。知识服务是一种面向增值的服务，超越了简单的信息传递，更关注服务提供者与用户之间的互动和知识的深度交流。在知识服务过程中，知识服务人员如同经验丰富的导师，能够深入挖掘用户的具体需求，从而运用丰富的知识储备和实践经验，向用户提供他们所需的知识和解决问题的方案。他们不仅传授知识，还会激发用户的思考，引导用户深入理解问题的本质，从而提升用户自身的认知水平和解决问题的能力。知识服务的真正价值在于其能够为用户创造长期且持续的价值。知识服务人员不断更新和分享最新的专业知识和行业动态，能够帮助用户保持竞争力，适应快速变化的环境。知识服务能够帮助用户建立广泛和深入的行业联系，帮助他们获取新的合作机会。因此，知识服务不仅是一种服务形式，更是帮助用户实现自我提升和价值增值的有效工具。

## 二、知识服务的特点

### （一）知识服务是以用户为中心的个性化服务

图书馆在知识服务中起着至关重要的作用，其核心任务是满足用户的知识需求并解决相关问题。为了提供令用户满意的服务，图书馆需要深入了解用户的学术背景、研究兴趣和具体需求，以便提供更加精准的知识支持。图书馆可以根据用户的特定要求和特点，提供个性化的文献检索、研究指导和学习资源推荐。同时，图书馆与用户的互动沟通也至关重要，通过问卷调查、访谈和反馈收集等方式，图书馆能够了解用户的满意度和需求，进而不断优化服务内容和方式。

此外，图书馆还需提供信息素养培训，帮助用户提高检索、评估和利用信息的能力，这对于用户的学术成长和研究能力提升至关重要。借助现代信息技术，如人工智能、大数据分析等，图书馆可以提高知识服务的效率和质量，为用户提供更广泛的资源访问服务。图书馆与图书馆以及图书馆与信息机构的合作，可以实现资源共享，为用户提供更丰富的学术资源。通过线上与线下相结合的灵活服务模式，图书馆能够满足用户在不同场景下的需求，从而提高知识服务的针对性和用户满意度。总之，图书馆通过个性化的知识服务，不仅解决了用户当前面临的问题，还帮助他们不断提高信息素养和学习能力，体现了知识服务的个性化特征，有效提升了用户的满意度和图书馆的服务价值。

### （二）知识服务具有专业性

知识服务是一种高度专业化的服务形式，知识服务人员必须具备扎实的专业知识基础，并且能够迅速适应不断变化的知识领域，具备强大的学习能力和解决问题的能力。此外，知识服务人员还应具备良好的沟通技巧，能够将复杂的专业知识以易于理解的方式传达给用户，确保服务的高效性和实用性。首先，知识服务人员需要不断更新自己的知识库，以确保能够提供最新、最准确的信息和解决方案，满足用户的需求。其次，知识服务能根据不同的专业领域需求提供定制化的服务。这意味着知识服务人员不仅要广泛了解各个领域的基础知识，还要能够深入特定领域，为用户提供更加专业和有针对性的支持，从而满足用户的多层次知识需求，无论是基础的信息查询，还是复杂的决策支持。最后，知识服务的专业性还体现在细致的专业分工上。随着知识服务领域的拓展和深化，服务内容不断细化，形成了多种专业方向。例如，咨询服务可以进一步细分为管理咨询、信息咨询、数据咨询等，而管理咨询又可以进一步分为经营战略咨询、企业文化咨询、业务流程咨询等多个子领域。这种细分使知识服务能够更加精准地对接用户的具体需求，提供更精细化和专业化的服务。

### （三）知识服务具有动态性

知识服务的动态性源于知识的不断变化和更新。在知识快速变化和发展的今天，同样的问题在不同时间可能会有不同的答案和解决方案，这要求知识服务能够灵活地适应这些变化。知识服务人员必须具备敏锐的洞察力，及时捕捉最新的研究成果和技术成果，以便为用户提供最新、最准确的信息和解决方案。同时，用户需求的变化也是知识服务必须考虑的因素。随着环境的变化和个人发展，用户的需求也在不断演变。因此，知识服务需要具备能够灵活调整的能力，提供定制化的解决方案，以满足用户的个性化需求。这种服务模式要求知识服务能够随时根据知识的发展和用户需求的变化进行调整，确保服务的连续性和动态性。面对知识发展性和复杂性带来的挑战，知识服务提供者需要建立灵活的机制，快速响应新知识和用户需求的变化。这不仅涉及更新服务流程和引入新技术，还包括改进用户界面和体验，以提供更加精准和高效的服务。知识服务人员也需要持续学习和自我发展，以保持自己的专业知识的前沿性，从而能够持续提供高质量的服务。

### （四）知识服务具有创新性

知识服务人员在向用户提供知识信息和知识产品的过程中，扮演着至关重要的角色，他们不仅是信息的传递者，更是知识的创新者。这一过程涉及从海量无序的信息中提炼出有价值的知识，并将其转化为用户可用的产品，从而实现知识的创新和增值。在这个过程中，首先，知识服务人员需要具备辨识和筛选信息的能力，从大量的数据中识别出对用户最有价值的知识。这要求他们具有深厚的专业知识背景和敏锐的市场洞察力，能够理解用户需求并据此提供定制化的解决方案。其次，知识服务人员需要对这些知识进行加工和整合，具体包括分析、综合、重组和创新等步骤。通过这些步骤，知识服务人员能够帮助用户将分散的信息转化为系统化的知识产品，如研究报告、决策支持系统、教育培训课程等。知识服务的创新性在于它不仅提供了信息，还提供了解决问题的新思路和新方法。知识服务人员通过与用户的互动，能够更好地了解用户的实际问题，进而提供创新的解决方案。这种互动反馈机制是知识创新的关键，使得知识服务能够不断适应变化的环境与需求。此外，知识服务过程中的知识创新还体现在知识的价值增值方面。通过知识服务人员的加工和创新，知识不再是静态不变的，而是在应用中不断被赋予新的意义和价值，这不仅提升了知识本身的实用性和有效性，也增强了用户解决问题和创造价值的能力。

### （五）知识服务是全球化的

当今时代，网络化发展使知识服务实现了全球化，极大地拓展了知识传播的范围和效率。互联网技术的发展，让全球各地的人们能够轻松访问和分享知识资源。在线数据库、开放获取期刊、数字图书馆和社交媒体平台等工具，使知识资源的获取和传播不再受地理位置的限制。在这种网络化的条件下，知识共享和转移变得更加便捷和迅速，这对于实现全球范围内的知识服务至关重要。通过网络，知识可以迅速从一个地方转移到另一个地方，无论是学术论文、技术报告还是行业分析，都能在全球范围内迅速传播，促进了知识的快速流动和应用。全球化的知识服务还促进了不同文化之间的交流，不同国家和地区的人可以通过网络交流思想和经验，增进对彼此文化和传统知识的了解。此外，网络化的环境为全球协作和合作提供了平台，研究人员、学者和专业人士可以跨越国界，共同参与项目，分享研究成果，推动知识的创新和发展。在线教育和远程培训成为全球化知识服务的重要组成部分，学生和专业人士通过网络课程和虚拟教室，无论身处何地都能接受高质量的教育和培训。随着技术的不断进步，知识服务的全球化将继续深化，为全人类带来更多的机遇和挑战。总之，知识服务全球化提高了知识资源的可获取性，加强了全球知识网络的互联互通，为全球经济发展、社会进步和文化繁荣提供了有力的支持。

## 第二节　知识服务机制

知识服务机制是指知识服务系统的组成结构、构造方式和工作原理。在知识服务中，主要通过知识获取、知识转移和共享、知识创新来支持知识服务的全过程。

### 一、知识获取机制

知识获取是知识服务的准备阶段，是指对知识进行收集、整理、分类和组织，使其成为可以检索和使用的知识的过程。对任何一个组织来说，知识获取至关重要，组织不仅要识别和整合组织环境中的知识资源，还要能够将这些资源转化为组织内部的创新动力。知识获取是组织知识管理活动不可或缺的基础，也是组织持续发展和创新的先决条件。知识获取能够促使组织与外部知识环境之间建立持续沟通与互动的桥梁，确保组织能够及时捕捉到行业动态、技术进步和市场变化，从而在竞争激烈的商业环境中保持领先地位。对于知识服务系统而言，在服务系统初建阶段，知识获取尤为重要，其能够为系统提供必要的知识储备，确保系统能够为用户提供高质量、高效率的知识服务。随着对知识库的不断扩充和更新，系统需要检查新老知识的相容性，并对新补充的知识进行分类存储，以维持知识库的整体性。

#### （一）显性知识获取

显性知识也称为编码知识，是以书面文字、图表或数学公式加以表述，用语言、文字、书籍和数据库等编码方式进行传播知识，可通过口头传授、教材、参考资料、期刊、专利文献、视听媒体、软件和数据库等途径获取知识。

显性知识来源于组织的内部或外部。在组织内部，往往存在众多分散的信息资源，需要进行整理和加工，我们可以通过对信息的提取、识别、分析和归纳来获得知识。组织外部同样存在大量杂乱无章的信息，包括各种学术文献、专业报告、网络文章、多媒体资料等，这些信息未经过信息部门的系统化收集、整理和组织。知识获取机制能够针对需要解决的问题，对这些杂乱的信息进行分析和加工，识别出与问题有关的信息，形成专门知识，为决策者提供有力的参考依据。我们为了更有效地收集和管理显性知识，可以建立一个知识管理系统，集成先进的信息技术，如人工智能、大数据分析和云计算等，以确保知识的快速流通和高效利用。

### （二）隐性知识获取

隐性知识是难以直接表述和发现的。对于一个组织而言，隐性知识可能体现在组织文化、价值体系和组织惯例中，虽难以清晰说明，但它们对组织的发展有着重要影响；对于个人来说，隐性知识通常表现为直觉、洞察力，以及个人的技能和技巧，蕴含在个体经验与能力之中，与个人的思维模式、价值观和情感紧密相连，往往难以用语言传递。隐性知识具有以下特征：

1. 默会性

隐性知识最本质的特征无法通过语言、文字、图表或符号明确表达出来，深植于人类的非语言智力活动中，是人们在日常生活中通过经验、直觉和实践所积累的智慧。

2. 个体性

隐性知识深植于个人内心深处，难以用言语完全表达，不同于可以通过书本学习或媒体传播的显性知识，隐性知识的传递过程往往伴随着情感的交流和信任的建立。例如，在“师传徒授”的模式中，师傅通过示范和指导将自己多年积累的经验和技能传授给徒弟，这种传递不仅是一种知识的转移，更是一种文化的传承和价值观的共享。

3. 非理性

隐性知识也称为默会知识，这种知识深植于个人的经验、情感和价值观之中，是人们通过身体感官或直觉、领悟获得的。与通过“逻辑推理”过程获得的显性知识不同，隐性知识不具有理性特征，它们的获取过程不涉及系统地学习和研究，不能通过逻辑和证据来验证其正确性，因此，人们无法对其进行理性的批判。

4. 情境性

隐性知识总是依托于特定的环境而存在，这种知识的掌握往往需要个体在特定情境中不断摸索、体验和感悟，从而获得对特定任务和情境的深入、全面理解。

5. 文化性

隐性知识与特定文化传统中人们所理解的概念、符号、知识体系紧密相连。与显性知识相比，其具有更加显著的文化特性。生活在不同文化传统中的人们的世界观、价值观、行为模式往往是由不同的隐性知识“体系”所塑造的，涉及隐性的自然科学知识“体系”，如对自然现象的直觉性理解，对社会关系和文化传统的内在感知。

对隐性知识的获取较显性知识更加困难。通常要实现对组织中的个体（主要指各领域专家）头脑中的隐性知识的获取，需要通过知识工程师（如计算机专家、知识服务机构专业服务人员）和领域专家的共同配合来实现。恰当地把握领域专家所使用的概念、关系、问题求解方法，是整个获取过程中的重点和难点。

## 二、知识转移和共享机制

对于个体而言，知识转移是指将个体所掌握的知识、技能和个体的智慧，通过一系列的交流和互动传递给其他个体，不只是简单的信息传递，而是一种涉及理解、消化和应用的过程。在组织层面，知识转移指的是将一个集体的专有知识和成功经验分享给另一个集体。知识转移是知识价值实现的关键途径，确保了知识在不同主体间的流动，使其能够发挥出应有的作用和影响。

知识管理是通过知识共享（Knowledge Sharing），运用集体的智慧提高组织的应变能力和创新能力，因此，知识共享是知识管理的核心。知识转移和知识共享是密不可分的，知识共享借助知识转移来实现，而知识转移的程度和范围又影响着知识共享的效果。知识共享可以定义为：知识拥有者与他人分享自己的知识，使知识从个体向其他个体或群体转变的过程。李（Lee）认为知识共享可定义为“个人、群体或组织之间的知识流动与转移的活动”①，知识伴随着知识共享过程而发生量变和质变，实现知识转移和知识创新。如果要对知识转移和知识共享这两个概念进行区分，则可以这样理解：知识转移是知识拥有者在某种利益激励下向知识索取者或团队其他成员进行知识“让渡”的行为和过程；知识拥有者通过该“让渡”而获取收益，这是一个略带经济学意味的行为；知识共享则是更多地强调知识在拥有者与索取者或团队其他成员之间的分享行为和过程，而淡化“为收益而分享”有免费的意思。

知识转移理论是知识共享理论的基础和工具性概念，由于知识共享中也伴随着知识转移，因此，在实际应用中两者通常不作区分。

## 三、知识创新机制

国内学者普遍认为，知识创新并不仅是对现有知识的简单更新，还涉及知识的获取、转移与共享，要求组织不断追求发展，探索未知的领域，创立全新的理论和概念，并对现有知识体系进行批判性思考，对新知识进行创新性应用，持续推动创新，以增强组织核心竞争力。知识创新的最终目标是创造知识附加值，使组织在激烈的市场竞争中占据有利地位并最终获得成功。

知识创新在推动科技进步与经济增长方面发挥着至关重要的作用，通过不断地探索未知领域，提出新的假设，验证新的理论。知识创新促进了科学知识的积累和传播，不仅是技术创新的根基，更是新技术与新发明产生的动力源泉。知识创新是推动社会向前发展的关键力量，为人类提供了认识世界、改造世界的新理论与新方法，深刻地影响着人们的生活方式和思维模式。

知识创新从一个启示开始，经历新思想、新设计、新实验或观察，获得初步知识（初步知识是尚未公开和得到承认的知识）；初步知识经过科学共同体的检验和接受后，成为知识体系的新成员；新知识首次成功应用后，成为认识和改造世界的新工具。

---

① Lee J N.The Impact of Knowledge Sharing，Organizational Capability and Partnership Quality on IS Outsourcing Success[J].Information & Management，2001，38(5)：323-335.

## （一）累积式知识创新

累积式知识创新是组织在既有知识的基础上，结合内外部资源和环境进行的创新活动。这种创新对现有知识具有明显的依赖性，通过对现有知识的持续改进和提高来实现。这一过程本质为持续学习的过程，要求参与创新的主体必须保持相对稳定，以确保知识和经验具有连续性，不能因为时间的流逝而中断。在累积式知识创新过程中，组织需维护和控制影响其知识存量的因素，因为这是创新的基础和源泉。组织需要有效地整合技术、人才、市场信息和资金等内部和外部资源，并与外部合作伙伴建立协同合作关系。同时，组织内部的知识共享和传播机制，对于实现累积式知识创新至关重要，这要求组织建立跨部门和跨层级的知识流动渠道。此外，组织需要培养鼓励创新的文化，支持尝试新思路、容忍失败，并奖励创新思维和行为。这种文化能够激发员工的创造力和积极性，为累积式知识创新提供动力。

## （二）激进式知识创新

激进式知识创新是组织在知识发展中采取的突破性策略，旨在打破现有知识体系的局限，勇于探索全新的知识领域。这种创新要求组织跳出传统思维模式，不拘泥于现有的知识和经验，敢于挑战未知领域。激进式知识创新往往伴随着科技创新，能够给企业带来根本性变化，如新技术的应用、新产品的开发或新服务的推出。这种创新的来源既有科技创新，也有组织效仿竞争对手引进的新知识、新技术与新理念。激进式知识创新要求组织具有高度的灵活性和适应性，能够快速响应市场变化，并及时调整创新策略和方向。它伴随着较高的风险，但同时可能带来巨大的机遇和回报。为了实现激进式知识创新，组织需要投入相应的资源，包括资金、人力和时间，以支持创新项目的开展和实施。此外，组织应建立开放的创新环境，鼓励跨学科合作、内部创业和与外部合作伙伴的协作。组织文化的支持也是至关重要的，它需要一个支持创新、鼓励尝试和容忍失败的环境。通过激进式知识创新，组织能够不断推动自身的技术进步和知识更新，保持竞争力。这种创新方式有助于组织开拓新市场、创造新价值，并最终实现可持续发展。

## （三）协同式知识创新

协同式知识创新是在知识经济与协同工作环境下提出的理念，强调通过组织间的合作，实现知识的共创和共享，进而提高整体的创新能力和效率。这种创新模式认识到单个组织的能力有限，借助与其他组织的协作，能够使各方的利益得到更好的保障，并实现资源共享和优势互补，整合获得更有价值的知识，降低成本和风险，提高知识创新效率。然而，协同式知识创新面临的最大挑战在于如何解决动态环境下多方利益的博弈问题。由于涉及多个组织，每个组织都有自己的目标和利益，协调这些利益并确保合作的顺利进行需要建立稳固的信任关系和有效的沟通协调机制。合作伙伴之间需要就知识产权的归属、使用和收益分配达成共识，同时克服文化差异和沟通障碍，以实现协同创新的目标。为了应对这些挑战，组织需要寻求共赢的策略，建立长期合作关系，确保合作的持续性和稳定性。通过建立有效的合作机制和信任关系，协同式知识创新能够充分发挥其潜力，为参与各方创造更大的价值，使组织在激烈的市场竞争中获得优势。

## 第三节　知识服务流程

### 一、知识服务流程框架

在高等学校中，图书馆一线工作人员扮演着至关重要的角色。他们不仅是服务活动的主导者，更是连接知识资源与服务对象的桥梁。图书馆一线工作人员利用馆内外的知识资源及技术条件，为服务对象提供知识性服务，帮助服务对象解决学术研究、课程学习或其他知识需求方面的难题。知识服务流程框架（图 2-3-1）阐释了图书馆一线工作人员为服务对象提供知识性服务的流程，展示了图书馆知识服务的运作机制，强调了人与人、人与支持系统、系统与系统之间的双向交互，揭示了图书馆知识资源与服务制度、服务理念的内在联系。在协调知识资源与知识服务活动的过程中，知识服务制度细则起到了至关重要的作用，这些细则不仅为服务人员提供了明确的行动指南，还确保了服务的标准化和高质量。知识服务人员在执行这些制度细则时，必须深入理解服务理念，将其融入日常工作中，从而为用户提供高效、专业的服务。知识服务制度主要涉及问题分配、资源调用、职责界定、考核绑定四个方面。在知识服务制度实施过程中，用户、咨询馆员、技术馆员、支持系统都发挥着不可或缺的作用。用户是知识服务活动的中心，他们的需求和反馈信息是推动服务改进和创新的动力源泉。当用户在图书馆内寻找所需知识资源或使用检索系统时，可能会遇到各种问题，对于相对简单、易于解决的困难，用户可以通过访问问题库或 FAQ（常见问题解答）板块来找到答案，这些资源是图书馆为方便用户自助服务而准备的。馆员也可以在用户感到困惑时为其提供指导和帮助。当用户遇到内容性的知识问题时，他们可以向咨询馆员求助，如果用户遇到的是技术性问题，则需要向技术馆员咨询。

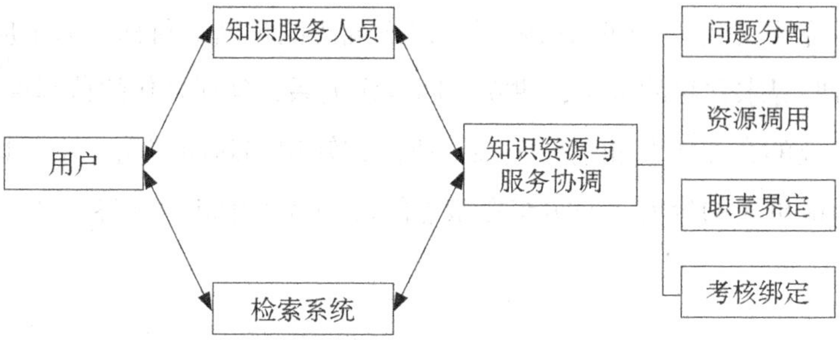


图 2-3-1　知识服务流程框架

### （一）问题分配

知识服务中的问题分配是一个关键环节，涉及将用户的具体问题或需求准确地分配给最合适的知识服务人员或系统进行处理。这一流程的首要步骤是识别和理解用户的问题，通常需要系统或知识服务人员与用户进行沟通，以确保问题被正确理解。随后，问题会被分类和标记，这有助于快速确定问题的性质和紧急程度，并据此设定处理的优先级。

接下来，用户的问题会根据其专业性质被系统分配给具备相应专业知识和技能的服务人员，确保问题能够得到准确的解答。同时，问题分配还需要考虑资源优化，确保服务人员的工作负载均衡，避免某些人员工作过载而其他人员空闲。此外，问题分配系统必须考虑响应时间，保证用户的问题能够在承诺的时间内得到响应和解决。

在问题分配后，还需要跟踪问题的解决进度，并收集用户的反馈，以评估服务质量并进行必要的调整。利用自动化工具和智能系统，如人工智能和机器学习算法，可以提高问题分配的速度和准确性，提升服务效率。整个系统需要具备灵活性和适应性，以应对突发事件和用户需求的变化，最终目标是提高用户满意度，确保用户的问题得到及时和有效解决。通过优化问题分配流程，知识服务提供者可以更好地满足用户需求。

### （二）资源调用

知识服务中的资源调用是一个复杂且细致的过程，要求对所需资源进行精确识别、高效获取、有效整合以及合理利用，以确保知识服务能够满足用户的特定需求并达到预期效果。在这个过程中，先要识别服务过程中所需的资源类型，主要包括书籍、期刊、报告等传统信息资源，数据库、在线课程、专业论坛、开放获取资源等数字资源，以及人力资源，如领域专家、咨询顾问、技术支持人员等。获取资源的渠道必须多样化且可靠，这可能涉及与图书馆、数据库提供商、学术机构、行业组织和专业网络的合作。通过这些渠道，知识服务能够获取到最新的研究成果、行业动态、市场分析等关键信息。同时，利用现代信息技术，如搜索引擎、数据挖掘工具、内容管理系统等，可以极大地提高资源获取和调用的效率，确保资源的实时更新和准确性。资源整合是将分散的资源汇聚成一个统一的平台，使用户能够一站式地访问和使用所需的各种资源。这不仅要求知识服务提供者具备资源整合的能力，还要根据用户的具体需求，提供定制化的资源组合和服务方案。用户参与是资源调用过程中不可或缺的一部分，用户的反馈和建议对于优化资源配置、提升服务质量至关重要。随着知识的快速发展和更新，资源调用还需要持续更新，以保持服务的时效性和相关性。这要求知识服务提供者不断跟踪最新的知识发展，及时淘汰过时的资源，引入新的资源。同时，对资源调用的成本和效益进行评估，确保资源投入能实现最大的服务价值，成本效益最大化。风险管理也是资源调用过程中的一个重要方面，需要识别和评估可能的风险，制定相应的预防和应对措施，包括资源的版权问题、数据安全问题、技术故障等，确保资源调用的合法性和安全性。

### （三）职责界定

知识服务的职责界定是为了确保服务提供者能够明确其角色和任务，以有效满足用户需求并提升服务质量。在知识服务中，职责包括深入了解和响应用户的特定需求，这可能涉及信息检索、咨询服务、教育培训和研究支持等方面。服务提供者需要管理和维护各类知识资源，包括图书、期刊、数据库等，并确保这些资源能够得到及时更新和有效利用。同时，知识服务人员应提供准确的信息和数据，帮助用户做出决策或解决问题，包括提供专业的研究指导、技术指导和策略建议。他们还负责开展教育培训活动，提升用户的信息素养和专业技能，以及为学术研究和项目开发提供支持，包括文献检索、数据分析和研究方法指导。此外，知识服务的职责还包括促进知识的创新和应用，整合和转化知识，以及建立和维护与用户的良好关系，收集用户反馈以优化服务。服务提供者还需确保服务质量，进行服务评估和质量控制，并与其他服务提供者、组织和机构合作，协调资源和服务以提供综合解决方案。知识服务人员需制定和遵守相关制度和条款，包括版权制度、隐私保护条款和使用条款，确保服务的合法性和安全性。他们还需利用和开发新技术提高服务效率和优化用户体验，如人工智能、大数据分析等，并在遇到突发事件或紧急情况时快速响应和提供有效解决方案。通过明确的职责界定，知识服务能够更精准地满足用户需求，提升服务质量，实现知识服务的目标和价值，促进知识的传播和应用。

### （四）考核绑定

知识服务的考核绑定是衡量和提升服务质量的关键环节。该机制旨在将服务绩效与明确的考核指标相结合，确保服务提供者的工作与组织目标和用户需求保持一致。这一机制要求组织设定清晰的考核目标，这些目标应与组织的长期战略规划和用户的期望要匹配，确保考核的方向性和针对性。在制定考核标准时，组织需要考虑一系列关键绩效指标，如响应时间、用户满意度、服务覆盖率、知识产品的质量等，这些指标能够全面反映服务的效率和效果。通过收集和分析相关数据，组织能够定期评估服务绩效，及时发现并解决问题，从而持续改进服务。这种评估的依据不仅包括定量数据，如服务使用情况和问题解决效率，还包括定性反馈，如用户的意见和感受。考核结果的应用是激励机制的核心，鼓励服务提供者提高工作绩效和创新服务方式。这种激励措施可以提高服务提供者的积极性和创造性，促进服务质量的提升。同时，考核结果也被用于提供反馈和指导服务流程的优化，帮助服务提供者了解他们在哪些方面做得好，哪些方面还需要改进。考核结果要透明和公正，确保所有参与者都明白考核标准、了解考核结果，这有助于建立信任和公平的竞争环境。此外，考核结果还可以激励服务提供者持续学习和发展，通过培训和专业发展活动提升其专业技能，使他们能够更好地适应不断变化的用户需求。

## 二、基于用户知识需求的服务流程

在以用户知识需求为导向的知识服务中，知识需求的服务流程如图 2-3-2 所示。根据这个流程图，首先，用户通过图书馆知识服务提供的电话、电子邮件或即时通信工具等有效沟通渠道，与服务人员建立联系，并向服务人员表达其迫切需要解决的实际问题或对知识信息的需求。其次，图书馆服务人员在了解用户的显性需求后，对用户背景、研究领域和工作目标进行深入分析，利用信息技术工具和自身的专业知识，广泛采集各类知识资源，并对这些资源进行筛选、整合和分析，最终构建一个全面且与用户知识需求相关的知识信息库。针对用户面临的实际问题，图书馆服务人员会深入分析问题的背景和成因，结合用户的特定情境，提出具有针对性的解决方案或策略。在提出建议时，服务人员会考虑到用户的接受能力和使用习惯，力求使建议既专业又易于理解和便于执行。再次，服务人员会将这些策略或方案通过图书馆提供的各种有效渠道传递给用户。用户结合自身所处的具体情境，对服务人员提出的建议策略或方案进行深入的思考和评估，考虑该策略或方案是否能够有效解决实际问题，以及是否符合自身的实际需求和期望。若用户在评估后发现建议或方案存在不足之处，应及时将原策略或方案反馈给服务人员，并提出具体的修改意见。服务人员在收到用户的反馈后，应积极地对策略或方案进行调整和优化，直至用户感到满意。最后，图书馆服务人员应跟踪用户问题的解决进度，确保策略或方案的实施效果符合预期。

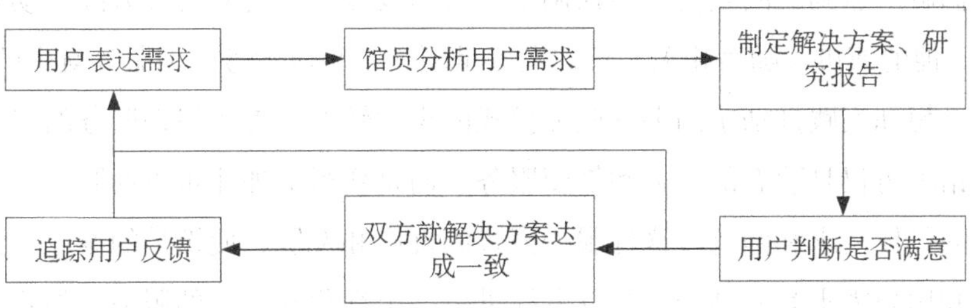


**图 2-3-2　基于用户知识需求的服务流程**

图书馆的知识性工作与服务活动流程是一个连接持续的过程，且服务活动的细节往往需要不断调整，以适应服务对象知识期望及需求的变化。馆员需要与用户保持长期的沟通和互动，了解他们的需求和困惑，并提供持续的知识服务和支持。知识服务不仅是对现有知识的整理和传递，更是对知识的创新和增值。在这个过程中，馆员需要运用知识组织技术和网络信息技术，以提高知识服务的效率和质量。而且，馆员需要时刻关注用户的反馈和需求变化，及时调整服务策略和内容，直到用户满意为止。

## 第四节　知识服务模式

### 一、传统图书馆知识服务模式

传统图书馆的工作始终围绕着“文献流的整序”这一中心任务展开，图书馆的服务以“文献”为中心，其工作内容包括搜集文献、整理文献、保存文献、文献流通。图书馆本质上是用户和知识的中介，传统图书馆为用户提供文献的过程也是知识传递的过程，因此，传统的文献传递服务在某种程度上也可以看作知识服务。在服务过程中，馆员更多的是作为文献的管理者而非知识的创造者，难以体现其个人知识价值，直到参考咨询服务兴起，馆员在知识服务中的价值才真正得到体现。馆员从文献的管理者转变为知识的导航者，他们开始利用自身的专业知识和技能，为读者提供更为深入和个性化的信息检索、分析和解读服务。1876年，在美国图书馆协会首届大会上，查尔斯·格林首次公开提出了参考咨询的概念，他阐述了参考咨询服务的核心价值，即引导读者高效地利用图书馆资源，并帮助他们解决遇到的问题。格林强调了馆员与读者之间建立良好人际互动关系的重要性，他的演讲及随后相关文章的发表是图书馆领域参考咨询服务诞生的标志。格林的设想和实践推动了图书馆服务模式的重大转变。参考咨询服务的引入意味着图书馆不再仅是静态的藏书和借阅服务，而是变得更加注重主动服务，关注满足读者的具体需求和问题。这种服务模式的推广和发展，使馆员的专业知识与文献资源和用户需求紧密结合，为读者提供更加个性化和深入的服务。随着时间的推移，参考咨询工作已经成为图书馆的核心业务之一。馆员通过参考咨询服务，不仅能帮助读者查找和获取信息，还能为读者提供研究指导、阅读推荐和信息素养教育等。这种服务的开展不仅增强了图书馆的社会价值和影响力，也提升了馆员的专业地位和职业认同。馆员在参考咨询服务中的角色变得越来越重要。他们不仅是信息的提供者，更是读者学习、研究和探索过程中的合作伙伴。传统图书馆服务模式可分为以下五种：

**（一）文献借阅服务**

文献借阅服务主要是基于读者的需求来进行的，读者基于特定的研究目的或兴趣来到图书馆，他们会利用图书馆提供的检索工具，如电脑或纸质目录搜索馆藏资源，如果读者找到了他们需要的文献资料，可以选择在图书馆阅读或借出。

**（二）知识聚类服务**

对不同来源的文献资料进行深入分析，从中提炼出关键的知识单元，并将这些知识单元按照一定的逻辑规则和分类标准有序地组织和聚类，就能够形成新的知识结构。在传统的图书馆服务中，馆员完成图书和期刊的整理与管理工作时，大都依赖于分类和标引方法，他们会依据书籍的主题、内容、作者、出版年份等多种因素对图书进行分类，将文献资料按照学科或某种知识关联分类提供给读者，这一过程就叫作知识聚类服务。

由于许多分类法所使用的标注符号具有较高的专业性，普通读者在面对这些符号时可能会感到困惑，难以理解其代表的具体含义。因此，图书馆的工作人员通常会采用更为直观和易于理解的文献分类方法。例如主题标引法，直接使用与文献内容紧密相关的主题词作为标识，通过字顺法组织和排列图书馆的馆藏资源。这种分类方式使原本分散而又属于某一特定主题的文献被整合在一起，从而为读者提供更为有效的知识聚类服务。

**（三）知识重组服务**

在传统的图书馆服务中，知识重组服务是较为典型的一种知识服务模式，主要包括书目、索引、文摘等。书目、索引和文摘属于二次文献形式，书目和索引在原始文献的基础上进行系统的搜集、整理和加工，将散乱无序的一次文献转化为有序的二次文献，文摘则以简洁、明了的方式提炼出文献的核心内容，为读者提供了快速了解文献主旨的途径。具体来说，书目能够为研究者提供简洁明了的文献内容概览信息，通过有序地排列和分类，使读者能够迅速把握文献的核心要义，从而为深入研究提供必要的线索。此外，书目还能够用来考察书籍流传存佚、指明阅读范围等。“索引”将书籍内容、文集篇目或报刊资料按照一定的规则和方法进行排列，形成一种便于检索的结构。索引的出现极大地提高了文献检索的效率和准确性，使研究者能够快速找到散见于书刊中的关键信息。与书目相比，索引更注重内容的深度揭示，通过关键词、主题词或人名等检索点，为读者提供一种更为直接和精确的检索途径。“文摘”是基于一次文献的精华提炼，是对文献主要内容和基本观点的浓缩。它能够帮助读者在短时间内把握文献的主旨，撰写文摘需要高度的概括能力和对文献深刻的理解。它不仅是传递检索信息的工具，还有科研成果评价的作用。“索引”和“文摘”的核心是对一次文献进行揭示和报道，而揭示、报道的基本形式是著录和描述，不仅描述原始文献的内容，还要描述其形式特征。它们虽然描述文献的最终目的都是为检索文献提供方便，但实际上需要比书目更深入地分析、揭示文献，并含有更大的信息量。尽管索引和文摘本身并不构成完整的“知识体系”，但它们在知识组织方面扮演着重要角色，能够将散落于各种不同文献类型中的知识单元有效地组织和整合起来，构建一个相互联系、层次分明的知识网络。从知识服务的角度来看，文摘与索引的出现的确为人们在文献数量激增、学科交叉严重、文献发表分散的情况下查找所需知识带来了很大便利。

### （四）参考咨询服务

参考咨询服务是图书馆服务的重要组成部分，这项服务以图书馆的文献资源为基础，通过一对一的解答方式，为读者提供文献信息、文献知识、文献检索途径。参考咨询服务主要包括五个环节，即受理咨询、调查研究、查找信息、答复咨询、记录归档。

传统图书馆的参考咨询服务质量的影响因素主要包括以下两个方面：

第一，参考源限制。参考源是学术研究或信息查询时所使用的参考工具，如馆藏目录、联合目录、印刷型工具书等。馆藏目录记录了图书馆所收藏的各类文献资源，但单个图书馆收藏的文献资源是有限的，难以囊括所有的文献类型，馆藏目录也因此存在一些缺陷。联合目录是多个图书馆共同的文献目录，然而，联合目录多为区域性或行业性的，也不能做到全面囊括所有的文献资源。大部分图书馆的印刷型工具书更是品类不足。由于咨询服务以参考源为基础，咨询服务质量会不可避免地在一定程度上受到参考源的限制。

第二，参考馆员限制。解答用户提出的问题是参考馆员的职责，在这一过程中，参考馆员的知识、经验与技能水平能够得到充分体现。在馆员与用户的互动交流过程中，如果馆员的专业能力较差，那么他们向用户提供的咨询服务的质量也会受到不利影响，如果馆员的专业能力很强，那么他们为用户提供的咨询服务的质量也会相应较好。此外，馆员为用户解答问题的过程、解答咨询问题所收获的知识和经验缺乏有效的记录和存储机制，如果专业能力强的馆员离职、退休或离世，则他们积累的成果和经验也会因此消失，对于图书馆而言，这无疑是一种巨大的知识资产流失。

### （五）定题跟踪服务

定题跟踪服务是图书馆传统知识服务的重要组成部分，能够体现图书馆员对科研人员需求的深刻理解和专业响应。在这一服务模式下，图书馆工作人员会深入分析用户的具体需求，针对用户研究的课题搜集、整合相关的资料和信息，为科研人员的课题研究提供持续的、个性化的信息资源支持，直到用户完成课题研究或彻底解决问题。定题跟踪服务通过向用户提供高层次情报服务，能够帮助研究人员节省大量文献搜索的时间和精力，使他们能够专注于科研工作。定题跟踪服务的特点包括主动性、针对性、连续性、专深性。

主动性是指图书馆工作人员要主动选择课题，并与读者联系，搜集与课题有关的文献信息，编制专题文摘、索引、专题综述，主动定期向读者提供。

针对性是指从文献提供服务到文摘索引、撰写综述等所有服务围绕选题有目的地开展，都直接依据选题内容提供服务。图书馆工作人员要从大量科研课题、咨询问题中选择有价值、有意义、可行性强的课题，针对课题提供服务。在整个服务过程中，馆员要对研究课题的进展进行持续跟进，把握课题的研究动向，以便及时为用户提供其研究方向的最新动态。

连续性指定题服务是一种长期持续的服务模式，这种服务的连续性是课题研究能够持续有效进行的保障，能够确保研究者在课题研究过程中不会因为信息滞后或缺失而停滞。服务提供者需动态地跟踪服务对象的科研进展，为用户持续更新和补充科研活动领域的最新动态和知识，确保在课题研究的每一个阶段都能及时地向用户提供文献资料支持，满足研究者不断深化和扩展的知识需求。

专深性指定题服务是一种对服务提供者专业能力要求较高的服务模式，定题服务的对象一般是正在开展课题研究的用户，服务提供者需要为其提供相关的文献和知识内容。这些课题往往代表着该领域内最新的研究方向和热点，是某一学术或科学技术领域中最具新颖性且具有一定研究难度的问题，因此，定题服务提供的专业知识较为精深，涵盖了多个学科领域的前沿理论和技术方法。为了满足用户课题研究的需要，服务提供者为用户提供的文献及知识内容不仅要能够反映该领域内的最新研究成果和前沿动态，具有很强的专业性，还要具有一定的新颖性，能够启发科研人员的创新思维，推动研究的深入发展。这就要求文献及知识内容的提供者不仅要具备深厚的学术功底，还要密切关注研究领域的最新进展，及时跟踪和更新信息。图书馆工作人员往往在调查研究的基础上选定课题，根据课题需求制定服务方案，并按照科研人员的要求，收集、筛选、整理与课题内容相符合的，并能有助于课题研究的文献信息和某些知识，及时传递给科研人员，为他们的科学研究和知识创造提供服务。

## 二、现代图书馆知识服务模式

### （一）用户自主服务模式

用户自主服务模式是一种单向的服务，用户要根据自己的研究目标或信息需求，自主利用图书馆提供的检索工具来筛选和定位能够满足他们需求的资料。

当前，图书馆的馆藏资源不仅包括实体的印刷资料，还包括各种商业全文数字资源，以满足用户的数字化阅读需求。此外，图书馆还对本馆的部分馆藏资源进行了数字化处理，建立了一系列具有本馆特色的数据库。这些数据库往往包含经过数字化处理的历史资料、学术论文、各种专业文献，极大地丰富了读者的检索选择。随着互联网技术的快速发展和信息的爆炸式增长，图书馆还致力于搜集互联网上的免费资源，构建了内容丰富、分类细致的网络资源数据库，为读者提供了更为便捷的信息获取途径。在信息化时代，网络环境的快速发展为图书馆之间的合作提供了前所未有的机遇，通过不同图书馆之间的联合，图书馆已经实现了联合书目检索，这不仅提高了资源的利用率，也极大地丰富了用户的阅读体验。为了满足用户对信息检索便捷性和高效性的需求，图书馆必须对传统的馆藏目录、联合目录、自建数字资源库、外购电子资源库、网络虚拟资源等各种异构资源进行整合，从而为用户提供更为全面和多元化的信息服务。图书馆要为用户提供专业搜索引擎，实现异构数据的“一站式”检索，相较于综合性搜索引擎门户网站，这种“一站式”检索在专业性和准确性上更胜一筹。它能够为用户提供更为便捷的检索途径，用户无须在多个平台间来回切换，即可获得所需信息。

从知识转化的角度来看，检索服务在促进知识的内化与融合方面发挥了至关重要的作用。具体而言，用户通过检索服务获取的文献资源包含丰富的信息和数据，在深入分析和研究文献的过程中，用户不是简单地吸收信息，还能通过批判性思考和创新性思考，将显性知识转化为个人的隐性知识。这一转化过程涉及对知识的消化、吸收和再创造，是知识内化的核心环节。

### （二）专业化服务模式

专业化服务模式是用户与图书馆之间双向互动的服务，这种服务模式不仅包括传统的信息检索和资料提供服务，还能够满足用户在信息获取、处理、分析和利用等各个环节上的个性化和深层次需求。专业化服务模式本质上是一种专业化的数字参考咨询服务，通过这种模式，用户可以获得更加高效和便捷的信息服务体验；同时，图书馆也能更好地挖掘其信息资源的潜力，提升服务质量和用户满意度。专业化服务模式汲取了传统咨询服务和网络服务的双重优势，既能够实现馆员和用户的即时沟通，也能够充分利用现代网络技术，整合免费网络资源、联合数字图书馆资源以及在线数据库资源，构建信息丰富、检索便捷的数字信息平台，为用户提供更为高效的专业咨询服务。

用户在阐述需求或寻求帮助时，可以灵活选择多种沟通方式，如视频会议、即时通信工具或电子邮件、网络表单等异步沟通渠道，系统接收到用户提出的问题后，会对其进行初步的筛查，对于其中不合规或不明确的提问，系统会将问题反馈给用户，让用户调整问题重新提交。对于符合要求的问题，系统会根据用户的需求在咨询知识库中深入检索。如果能够找到答案，系统会迅速将检索结果反馈给用户；如果没有找到答案，那么系统将根据问题的具体内容和所属学科领域，将问题转交给本地的参考馆员或通过联合参考咨询系统与专家进行网络协作，这些专业参考馆员会与用户进行沟通，共同制定一套针对性的解答方案并将其反馈给用户。在咨询流程结束后，工作人员要将咨询的问题、解决问题的过程以及形成的最终方案存储在咨询知识库中，不断丰富和优化知识库的数据。专业化服务模式是一种较为严格的图书馆知识服务，当用户带着问题前来寻求帮助时，参考馆员会深入分析用户的具体需求，运用其深厚的专业知识和丰富的实践经验搜集、整理和分析图书馆的信息知识，并创造出解决用户问题的新知识。

### （三）个性化服务模式

个性化服务模式是一种定制化的知识推送服务，能够根据用户的个人需求，为其提供量身定制的知识内容。图书馆会依据学科主题构建数字资源列表，为用户创建登录账号，形成专属的访问点。用户在登录后可以使用特定的关键词、短语或复杂的查询表达式来定制信息需求，还可以设定个性化资源需求条件及检索要求，如限定资源的类型、出版日期范围、语言偏好等。通过这种方式，用户能够更加高效地找到他们需要的信息，从而节省检索文献的时间。系统在找到用户需要的资源后，会通过频道推送、邮件发送、网页展示等方式将这些相关信息传递给用户。用户可以利用高级搜索功能，如关键词、作者、出版年份等进行多维度筛选，并根据自身需求随时调整检索策略及限定检索范围，确保检索结果的精确性和相关性。个性化服务不只有定制文献查阅功能，还包括自助预约、续借图书、查询借阅历史等个人图书馆管理功能。用户可以轻松管理自己的阅读列表，跟踪阅读进度，并根据个人喜好设置提醒和通知。个性化服务模式充分利用了网络及现代通信技术，用户可采取远程访问方式通过浏览器或手机上网登录图书馆门户网站。图书馆门户网站能够为用户提供丰富的电子资源，如电子书、学术期刊和数据库，用户可以随时随地接收图书馆的最新资讯和活动通知。个性化服务模式还能够为用户提供在线参考咨询服务，用户可以即时与图书管理员沟通，解决阅读和研究中遇到的问题。

### （四）团队化服务模式

在一些对服务提供人员的知识与能力具有较高要求的知识服务场景中，通常需要构建一个由各个领域的专业人员组成的团队来开展服务。团队化服务包括两种主要方式：其一是通过团队合作的方式来组织和提供服务，例如，将来自不同领域的专业人员整合成一个高效的工作小组，或汇聚不同图书情报机构的信息服务人员，形成一个多元化的团队，小组人员要明确各自的职责，融合多方面的知识，还可以邀请用户或外部专家参与，为团队带来新的思路和方法。这种团队合作方式能够有效提升知识服务的质量，显著提高服务的效率，满足用户多样化的需求。其二是加入其他用户团队，如可以担任研究小组、专家团队、课程或专业学术活动的信息助理，作为内部成员参与处理信息、应用知识、解决问题的过程。

随着知识服务的兴起，图书馆的角色正在经历深刻的变革，图书馆不再仅是静态显性信息知识的提供者，而是转变为动态隐性知识的发现者，这意味着图书馆必须突破传统的服务模式，与用户建立更为紧密的动态联盟，共同探索知识的深层价值，将重点放在知识的发现、共享与利用上。在这一过程中，图书馆必须全面开放，积极融入社会的各个层面，同时保持其公益性的本质。为了更好地服务于社会，图书馆需积极开拓知识服务市场，通过机制创新引入更加灵活和高效的管理方式。图书馆还需要建立支持知识服务的组织管理机制和技术机制，优化内部管理流程，培养专业的人才队伍。通过这些措施，图书馆能够更有效地整合资源，提升服务质量，满足用户日益增长的知识需求。此外，为了进一步夯实知识服务的基础和提高服务的实力，图书馆应积极参与产业联盟和跨产业合作，与其他机构和组织共享资源，交流经验，共同开发新的服务项目，从而扩大图书馆的影响力，促进知识的传播和应用。

### （五）专业垂直服务模式

专业垂直服务模式通过分析特定专业领域的特点和需求，安排人员分别负责各个专业领域的信息搜集、整理与分析工作。不仅增强了服务的针对性，还能够充分发挥馆员的个人优势，激发馆员的工作热情。此外，专业垂直服务模式通过构建专业信息服务网站，为用户提供了一个统一的信息服务平台，这些网站是针对不同学科和专业领域构建的，用户可以利用专业化的网络检索工具筛选和组织专业信息资源，便捷地获取所需的文献资料。网站集成了多种服务功能，为用户提供了交流和讨论的空间，让用户及时了解最新学术进展，为用户提供相关咨询服务。专业信息服务网站成为一种新型的“专业信息服务中心”，为学术研究和专业发展提供了强有力的支持。

# 第三章　智慧图书馆知识服务

本章为智慧图书馆知识服务，主要介绍了四个方面的内容，依次为智慧图书馆的知识服务理论、智慧图书馆的知识服务框架、智慧图书馆的知识服务过程、智慧图书馆的知识服务模式。

## 第一节　智慧图书馆的知识服务理论

### 一、智慧图书馆知识服务的目标

智慧图书馆的知识服务拓展，关键在于实现从传统的资源驱动模式向服务主导模式的转变，这要求图书馆从根本上变革服务理念。具体而言，在服务内容方面，图书馆应从单一的文献与数据服务提供者转变为提供信息、知识与智慧服务的综合服务机构，让馆员从单纯的信息提供者转变为知识的引导者和智慧的创造者。在资源形态方面，应从以纸质资源为主转为重视纸质与电子资源的结合、空间资源的重塑以及人力资源的优化配置，为用户打造一个集学习、交流、创新于一体的多功能环境。在资源构建方面，要注重用户的个性化需求，从以图书馆为核心的所有权模式，转变为以用户需求为导向的资源获取模式，增强资源的时效性和相关性。在当今时代，智慧图书馆的知识服务不仅要能够为用户提供研究所需的科研成果与知识，还要能够参与研究、分析的过程，提供相关信息和解决问题的方案。此外，图书馆还要进一步拓展知识服务的功能，在信息传递、数据挖掘、空间重塑、知识发现、智慧服务等环节要注重“以人为本”理念，更加关注用户的需求，致力于为用户提供更加个性化的服务。图书馆需要构建一个全面的、以用户为中心的服务体系，对现有资源进行深度整合和优化，深入分析用户行为，持续改进服务流程，以满足用户个性化、多层次的知识和感知体验需求，在技术、资源和服务上不断创新，不断优化智慧图书馆知识服务的互联环境，不断提升知识服务的智慧化和人性化水平。

在信息化背景下，互联情境具有重要作用，是智慧图书馆知识服务情境功能得以顺利实现的关键因素。互联情境的无障碍化连接与普及，不仅依赖物联网提供的支持性情境技术，还与知识服务平台的易用性紧密相关，同时深受用户感知的影响。一个高效、便捷、用户友好的互联情境，能够显著提升知识服务的可达性和实用性，从而为用户带来更加丰富和深入的知识体验。为了提高资源内容的质量，图书馆需进行现有资源重组与再造，深度挖掘和分析资源，对新知识进行整合与创新，为用户提供更加丰富、多元和高质量的知识资源，从而在用户进行知识挖掘、知识联想、知识利用与知识创造的过程中发挥关键作用。人力资源的开发与利用已成为智慧图书馆知识服务拓展的关键驱动力，图书馆不再只是文献资源的存储场所，还转变为知识的创新中心和智慧服务的前沿阵地。在将新兴技术应用于知识服务的全过程中，每一个环节都离不开专业人才，正是这些专业人才的洞察力和创新能力，使图书馆能够紧跟时代步伐，不断推陈出新，满足用户日益增长的知识需求。在技术互联情境与资源情境的共同作用下，智慧图书馆知识服务场域内各要素有机融合，形成服务情境，用户在这样的服务情境中能够体验到更加贴心、更加高效的知识服务，从而获得更深层次的满足感。互联情境、资源情境和服务情境的融合，有利于为用户提供更加丰富的知识体验，提升用户的感知体验与满意度，实现知识服务的高质量发展。

随着科学技术的快速发展，用户的需求也在不断变化。我们必须紧跟时代步伐，关注用户在不同场景下的具体需求，从而设计出更加人性化、智能化的产品和服务。

### （一）关注平台与技术升级

在当今时代，平台与技术的升级对于图书馆知识服务的升级与优化至关重要。优化智慧图书馆知识服务平台的目标在于打造一个无障碍的互联环境，让用户在使用过程中获得便捷、高效的体验。互联情境的构建要进一步扩展智慧图书馆知识服务平台的功能，使其能够更好地适应多样化的互联终端设备；同时，考虑用户可能身处不同地域，必须确保平台在各种地理空间环境下都能稳定运行。此外，互联情境的构建还要充分考虑不同区域和时段用户的需求，确保用户在任何时间、任何地点都能够享受便捷的信息交互技术，从而增强互联网场景的易用性。

**（二）关注资源建设质量，实现资源再造**

为了确保图书馆资源的质量，图书馆必须采取一系列严格的监管措施，包括对资源采购流程的审查和对组织活动的持续监督和评估。通过理解和分析用户在使用资源时的具体情境和需求，图书馆可以提升用户在资源利用过程中的感知，增强针对性，帮助用户更有效地找到他们所需的信息和知识，从而进一步提升图书馆的资源质量和服务质量。在智慧图书馆知识服务的背景下，资源情境构建必须确保资源更新的及时性，做到与时俱进，确保能够为用户提供最新的学术研究成果和相关信息；同时，要注重满足用户的个性化需求，为用户提供定制化的知识服务和更具有针对性的信息资源。

**（三）关注人力资源的培养、开发与利用**

在智慧图书馆提供的多元化、深层次知识服务中，馆员发挥着重要作用，面对智慧图书馆发展的新机遇与新挑战，专业馆员必须注重职能的转换升级，持续培养与提升服务能力。此外，馆员要紧跟时代步伐，不断学习新知识、新技能，将最新的科技手段应用于图书馆服务之中，推动图书馆服务的创新与升级，这不仅是提升服务质量和水平的内在要求，更是推动图书馆事业发展的关键。凭借丰富的知识储备和良好的服务技能，馆员能够精准地识别并满足服务对象的需求，通过耐心的沟通与引导消除用户在使用图书馆资源过程中的困惑与障碍，提升图书馆的服务质量。随着用户知识需求的日益增长，馆员的角色正经历着前所未有的转变，他们不再只是资料的提供者，而是成为连接知识与需求、智慧与实践的桥梁。在这样的背景下，图书馆要实施竞争激励机制，旨在激发馆员的潜能，鼓励他们在专业领域内不断探索和创新。同时，为了培养出能够满足未来知识服务需求的专业馆员，图书馆要制定一系列培养方案，为馆员提供系统的专业培训，以培养出既具备深厚专业知识，又能够灵活运用现代信息技术，同时具有创新思维和跨学科整合能力的复合型人才。

## 二、智慧图书馆知识服务的原则

图书馆知识服务的根本原则在于以用户的需求为导向。图书馆的所有知识服务活动均应以用户为中心，知识服务活动包括资源的采购、分类、编目、推荐、用户咨询等，都应该紧密围绕提高用户的满意度和提升用户的感知体验来设计和实施。这样既能够满足用户的个性化需求，还能增强用户对图书馆的信任和依赖，提高智慧图书馆知识服务延伸质量，进而提升图书馆的社会影响力。智慧图书馆的知识服务具体应遵循以下设计原则：

### （一）用户需求导向原则

用户需求导向原则即以用户需求为出发点，这一原则的实施要求图书馆工作人员深入了解用户群体的构成、需求和行为模式，通过各种渠道和方法了解用户的实际需求。用户既是服务的受益者，也是智慧图书馆知识服务的评价者，他们的反馈和评价是推动图书馆知识服务活动发展的内在动力。用户的声音和建议是图书馆持续改进和优化服务的重要参考，知识服务的扩展必须激发用户对智慧图书馆知识服务的主动参与和持续使用意愿，激发用户的主观能动性，鼓励其参与智慧图书馆知识服务的构建，并对服务效果提供反馈与改进建议，以此实现图书馆与用户之间的共同成长和进步。

### （二）包容性原则

智慧图书馆的知识服务是图书馆服务领域的一次创新尝试，还在不断探索和完善的过程中。由于图书馆还未建立标准化的服务流程，知识服务的拓展过程中不可避免地会遇到各种挑战和问题。面对这些挑战和问题，各方参与者应当秉持一种宽容和理解的态度，要鼓励服务提供者不断解决问题、改进服务，只有这样，我们才能推动智慧图书馆知识服务的持续发展，使之更好地服务于广大用户，满足他们日益增长的知识需求。

### （三）互联情境的易用性原则

随着科学技术的不断进步，用户对于智慧图书馆的知识服务应用抱有极高的期待，他们希望这些服务能够更加人性化、更加便捷，满足他们对知识获取和利用的即时性和灵活性需求。利用云计算、大数据分析、人工智能等先进的信息技术，智慧图书馆能够更好地理解用户需求，为用户提供更加智能化、个性化的服务体验。同时，互联情境还能通过数据分析来优化资源的配置和管理，提高图书馆的整体运营效率。智慧图书馆知识服务的构建必须致力于提升互联情境的易用性，确保用户能够在不同的设备和平台上访问所需的信息和服务，从而打破时间、地域、物理设备支持的限制，提升用户的满意度和使用体验。

### （四）资源重组与资源再造的有用性原则

智慧图书馆的知识服务依赖于对图书馆内各种资源的深度整合与优化配置，电子文献、实体书籍、数据库，以及各类多媒体资料构成了智慧图书馆知识服务的基础。智慧图书馆能够将这些资源转化为知识服务的有力支撑，为用户提供更加精准、高效的信息检索和知识发现体验。为了提升信息资源的使用效率，智慧图书馆必须深入挖掘并充分利用其丰富的资源情境功能，从而在知识服务领域发挥更大的作用。智慧图书馆资源利用率和功能的有效发挥，在知识服务资源情境建设以及资源再造升级中至关重要，这两个因素关系到智慧图书馆资源情境建设的成效，以及智慧图书馆能否有效地服务于用户，满足用户的需求，提高用户满意度。

### （五）服务的适配性原则

服务的适配性原则体现了以用户为中心的服务理念，服务适配是一种用户体验的优化策略，通过对用户情境内容的个性化和精准化处理，为用户提供个性化的服务。智慧图书馆能够高效、准确地满足用户需求，激发用户对图书馆服务的热情。通过服务适配，智慧图书馆能够提升服务的及时性、协调性、适量性和适应性。图书馆内部各部门之间高效协作，能够确保用户在使用不同服务时获得一致且连贯的体验，适应性的提升体现为图书馆服务能够灵活应对用户需求的变化，准确把握用户需求，为用户提供量身定制的信息和资源。

## 第二节　智慧图书馆的知识服务框架

智慧图书馆的知识服务框架具有综合性，旨在通过现代技术和创新理念为用户提供高效、个性化的知识服务。这个框架由多个相互关联的要素构成，共同支撑起智慧图书馆的服务体系。

### 一、智能交互层

智慧图书馆的智能交互层是实现图书馆与用户直接互动的关键，涵盖了一系列先进技术和服务，以提升用户体验感和满意度。自助借还机允许用户快速、方便地借阅和归还图书，大大减少了排队的时间，提高了图书馆的运行效率。智能导航系统帮助用户在复杂的图书馆布局中轻松定位，无论是寻找特定的书籍还是到达特定的学习区域，都能得到清晰有效的指引。

虚拟参考咨询服务为用户提供了一种新的咨询方式，通过在线聊天、视频通话或电子邮件等方式，用户可以随时随地获得馆员的专业帮助。这种服务模式打破了传统图书馆服务的时间和空间限制，使用户无论身处何地都能获得所需的信息和支持。此外，智慧图书馆的移动应用和网站为用户提供了便捷的搜索、预约、续借等服务，还能推送定制化的通知和信息，提高了用户的参与度，丰富了用户的互动体验。

互动展示屏、多媒体和虚拟现实技术的应用，为用户带来沉浸式的学习体验以及开展虚拟展览的机会，拓宽了图书馆服务的范围。个性化推荐系统根据用户的借阅历史和偏好提供定制化的阅读和学习资源推荐，进一步提升了用户的满意度。社交媒体整合让图书馆能够更广泛地与用户互动，发布更新信息，收集用户反馈，增强了社区感。自助打印和扫描服务为用户提供了便捷的文档处理方式。智能问答系统基于人工智能技术，能够快速回答用户的常见问题，提供即时帮助。

整体而言，智慧图书馆的智能交互层通过这些技术和服务的集成，为用户提供了一个直观、互动和个性化的图书馆体验，简化了服务流程，通过收集用户数据，不断优化服务，从而提升了图书馆的整体服务质量。

## 二、知识服务层

知识服务层是智慧图书馆体系中的核心，通过一系列高端技术手段，如大数据分析和人工智能，为用户提供深度的知识管理和个性化服务。这一层的主要任务是挖掘、组织和传递知识，以满足用户的学术和研究需求，同时支持他们的学习和决策过程。

在知识发现方面，知识服务层通过先进的搜索引擎和推荐系统，帮助用户从图书馆庞大的资源库中快速找到所需信息。这些系统能够精准理解用户的查询意图，还能识别和推荐与用户研究领域或兴趣相关的资料，极大地提高了信息检索的效率和准确性。

知识组织工作着重对图书馆资源加以分类、索引及关联，从而构建有序的知识结构。通过知识图谱和本体论的应用，知识服务层揭示了不同知识实体之间的复杂关系，使用户能够更全面地理解信息内容，促进跨学科的学习和研究。

知识推送服务是一种主动服务，基于用户的行为模式、历史偏好和实时需求，向用户推荐相关的文献、新闻、研究报告等内容。这种服务通过实时监控用户活动和分析用户数据，预测用户可能感兴趣的领域，从而提供及时的知识更新和资源推荐。

此外，知识服务层还提供一系列个性化服务，包括为研究人员提供的研究支持、为学生提供的个性化学习路径规划，以及为决策者提供的数据驱动的决策支持。这些服务能够根据用户的特定需求，提供定制化的解决方案，帮助他们在学术探索、职业发展和个人兴趣培养等方面取得成功。

知识服务层的实施，不仅提升了图书馆资源的利用效率和用户的知识管理能力，还提升了图书馆作为知识中心的地位。通过智能化的知识服务，智慧图书馆能够更好地适应信息时代的发展，满足用户对于高效、便捷和个性化知识服务的需求，为用户带来更加丰富和深入的知识体验。

## 三、知识引擎层

知识引擎层是智慧图书馆的技术核心，集成了自然语言处理、机器学习、数据挖掘等关键技术，为知识服务层的智能服务提供支持。这一层通过先进的算法和数据处理能力，使图书馆能够处理和分析大量的文本数据，理解用户的查询意图，并提供精准的搜索结果。自然语言处理技术使系统能够执行复杂的文本分析、语义理解和自动翻译任务，机器学习算法则让系统能够从历史数据中归纳总结用户的学习模式，并根据这些模式进行预测和个性化推荐。

数据挖掘技术在知识引擎层中发挥着重要作用，能够从用户行为和资源使用趋势中发现有价值的信息，帮助图书馆优化服务和资源配置。知识引擎还需要有效地表示和管理知识，通常涉及构建知识图谱和本体，以支持复杂的查询和推理任务。智能检索系统的集成提高了搜索的准确性和速度，包括语义搜索和上下文相关的搜索，从而提升了用户检索信息的效率。

此外，知识引擎层还能够分析用户行为，优化服务流程，提供更符合用户需求的服务，并提升用户体验。在处理大量个人数据的同时，知识引擎还必须确保遵守数据保护法规，保护用户隐私。知识引擎层的设计需要具有可扩展性和灵活性，以适应不断变化的技术环境和用户需求，还需要与其他系统集成，如图书馆管理系统、学习管理系统和内容管理系统，以提供无缝的服务体验。

## 四、数据管理层

数据管理层在智慧图书馆知识服务中扮演着至关重要的角色，不仅负责管理和维护图书馆的数据资源，还涉及元数据管理、数据仓库建设、数据安全和隐私保护等多个关键领域。这一层面的工作是图书馆提供高质量服务的基础，同时是图书馆实现知识管理和服务创新的前提。

在元数据管理方面，数据管理层需要创建和维护详细的元数据记录，这些记录描述了图书馆收藏的具体内容和特征，包括书籍、期刊、电子资源等。元数据的质量直接影响资源的检索效率和用户体验，因此，数据管理层需要确保元数据的准确性和完整性，同时不断更新数据以反映资源的最新状态。

数据仓库建设是数据管理层的另一项重要任务。数据仓库集中存储了图书馆运营过程中产生的大量数据，这些数据对于图书馆的决策支持、业务分析和趋势预测至关重要。数据管理层需要设计和实施有效的有关数据仓库问题的解决方案，以确保数据的可访问性、一致性和分析能力。

数据安全和隐私保护是数据管理层必须严肃对待的问题。在数字化时代，用户数据的安全性和隐私性面临着前所未有的挑战。数据管理层需要制定严格的数据安全政策和隐私保护措施，以防止数据泄露、非法访问和其他安全威胁。这包括对敏感数据进行加密、实施访问控制和定期进行安全审计。

此外，数据管理层还涉及数据的整合、清洗、标准化和质量管理。这些工作确保了数据的一致性和可用性，为图书馆提供了可靠的数据支持。数据管理层还需要关注数据的生命周期管理，从数据的采集、存储、使用，到最终的归档或销毁，都需要进行合理的规划和科学的管理。

技术支持与维护也是数据管理层工作的重要组成部分。随着技术的不断进步，数据管理层需要保持对新技术的敏感性，及时更新和维护数据管理系统，以适应新的技术要求和用户需求。这包括对硬件设施的升级、软件应用的优化和新技术的集成。

## 五、基础设施层

智慧图书馆的基础设施层是其稳定运行和提高服务质量的坚实基础，涵盖物理设施、网络设施和计算设施等多个方面。物理设施包括图书馆的建筑结构、阅览空间、研究区域、会议室和展览厅等，这些空间不仅为用户提供了一个舒适的学习和工作环境，也是图书馆服务和活动的重要场所。良好的物理环境设计有助于提升用户的图书馆体验，并支持图书馆的多样化功能。

网络设施是智慧图书馆的神经中枢，包括无线网络覆盖、有线网络布线、服务器和路由器等，它们确保了图书馆内部和外部的信息流通和数据交换。高速、稳定的网络连接对于提供无缝的数字服务和资源访问至关重要。计算设施包括服务器、个人电脑、工作站和自助服务终端等，它们是图书馆提供数字服务和处理大数据的核心设备。

此外，智慧图书馆还需要一个强大的安全系统来保护图书馆的物理和数字资产，包括监控摄像头、门禁系统和报警系统。能源管理系统可以确保图书馆的能源使用效率和可持续性，通过照明控制、温度调节和电力分配来优化能源使用。数据存储和备份系统是保护图书馆关键数据安全的重要环节，确保了数据的安全性和可恢复性。

技术支持中心在基础设施层中承担着维护和管理技术设备和系统的职责，提供必要的技术支持和故障排除服务，确保各类设施的正常运行。多媒体和视听设施能够支持图书馆的多媒体服务，包括视频会议、数字媒体播放和互动展览，增强了图书馆的服务能力，提升了用户体验。环境控制系统，如湿度和温度控制，对于保护图书馆的藏书和档案资料至关重要。

## 六、安全保障层

安全保障层是智慧图书馆中重要的组成部分，其致力于构建一个稳固的安全框架，以保护图书馆的数字资产、用户数据和网络环境不受威胁。在数字化和信息化快速发展的今天，智慧图书馆的安全保障面临着日益复杂的挑战，因此，为适应新的安全框架，其职责范围和所采取的措施必须不断扩展和更新。

网络安全是安全保障层的首要任务，涉及保护图书馆的内部网络和对外服务不受黑客攻击、病毒传播、恶意软件，以及其他网络威胁的影响。为此，智慧图书馆需要部署先进的防火墙、入侵防御系统，以及安全信息和事件管理系统，以监测、防御和响应各种网络攻击。

在当今信息化高速发展的社会，智慧图书馆作为知识与信息的集散地，其日常运营中会不可避免地涉及大量敏感数据，包括用户的个人信息、借阅记录、财务信息等，这些数据一旦泄露，不仅会侵犯用户的隐私，还可能引发一系列安全及法律问题。因此，智慧图书馆必须采取强有力的数据加密措施，确保这些敏感信息能够得到妥善保护。此外，数据备份和恢复策略也是智慧图书馆保障数据安全不可或缺的重要措施。在数字化时代，技术故障、人为错误、自然灾害等多种不可预测的因素都有可能引发数据丢失或损坏，因此，图书馆要采取数据加密技术，制订数据备份计划和数据快速恢复流程，确保智慧图书馆在面对数据丢失与损坏时能够迅速恢复服务，保障用户和图书馆的利益。

访问控制是安全保障层的另一个核心要素，通过用户身份验证、权限分配和活动监控来管理用户对图书馆资源的访问。智慧图书馆需要确保只有授权人员才能访问特定的系统和数据。同时，对所有访问行为进行记录和审计，以便在发生安全事件时进行追踪和分析。

安全政策和操作规程的制定与执行对于建立有效的安全保障体系同样重要。智慧图书馆需要制定一套全面的信息安全政策，涵盖数据保护、网络安全、用户隐私和应急响应等多个方面。这些政策需要定期更新，以反映最新的安全和技术发展趋势。同时，图书馆工作人员和用户都需要接受安全培训，提高他们对信息安全和隐私保护的认识。

随着技术的发展，安全保障层还需要关注新兴的安全领域，如云安全、物联网安全和移动设备安全。智慧图书馆必须评估这些新技术带来的风险，并采取相应的措施来减轻这些风险。

## 七、标准与规范层

智慧图书馆的标准与规范层是确保图书馆服务高效、有序运行的关键环节。这一层级涉及的技术和流程标准是构建智慧图书馆框架的基础支撑，它们关系到图书馆内部运作的协调性，并直接影响到图书馆对外界的服务能力和服务质量。

技术标准的制定是确保图书馆内各种技术设备和系统能够无缝协作的基础。这些标准涵盖了硬件兼容性、软件接口、数据格式和通信协议等方面，为图书馆的技术基础设施提供了统一的操作框架。遵循这些标准，图书馆能够确保不同系统之间的兼容性和数据的一致性，从而提高整体的服务效率和技术质量。

服务标准的制定重点在于确保用户在任何时间和地点都能获得一致的服务质量。这些标准包括服务流程、响应时间、用户支持和服务质量指标等，它们有助于提升用户满意度和图书馆的整体服务水平。服务标准的实施有助于图书馆更好地满足用户需求，提高服务的透明度和可预测性，从而增强用户的忠诚度。

管理规范的制定则涉及图书馆资源管理、人员管理、财务管理和风险管理等多个方面。这些规范是确保图书馆运作高效、有序，以及适应不断变化的环境的基础。通过制定和执行这些管理规范，图书馆能够优化资源配置，提高工作效率，降低运营风险，确保图书馆的长期可持续发展。

标准与规范层在促进不同系统和平台之间互操作性方面发挥着重要作用。通过制定统一的数据交换格式和接口标准，使图书馆能够轻松集成新的技术和服务，同时保护现有投资。此外，标准与规范层还负责质量控制，确保图书馆的服务和产品符合既定的质量标准，及时发现并纠正质量问题，提升服务的整体可靠性。

随着用户反馈的增多和技术的发展，标准与规范层需要不断更新和改进其标准和规范，以适应不断变化的服务需求和技术创新需要。同时，确保图书馆的所有操作和服务都符合国家和国际的相关法律法规，包括版权法、数据保护法规和行业标准。在全球化背景下，标准与规范层还负责与国际图书馆和信息组织合作，协调标准，促进国际资源共享。

## 第三节　智慧图书馆的知识服务过程

智慧图书馆的知识服务过程是一个不断演进的过程，随着技术的发展和用户需求的变化而持续优化。通过不断优化知识获取、知识组织和知识发现的各个环节，智慧图书馆能够更有效地满足用户的知识需求，提升服务质量和用户体验，适应信息时代的发展趋势。

### 一、知识获取

智慧图书馆的知识获取过程不仅是用户与图书馆资源互动的起点，也是图书馆服务智能化的体现。在这一过程中，智慧图书馆应用现代信息技术，如物联网（Internet Of Things，IOT）和云计算，来实现对用户需求的深度感知和快速响应，从而提供更加个性化和高效的服务。智慧图书馆的知识获取过程还包括以下几个方面：

#### （一）数据驱动资源采集

智慧图书馆应用大数据技术深入分析用户的借阅行为和搜索习惯，这种分析能力极大地提高了图书馆对用户需求的理解和预测能力。通过收集和处理借阅记录、搜索查询、在线行为轨迹等大量用户数据，智慧图书馆能够识别出用户偏好的模式和趋势，进而优化资源配置和采购决策。

采集用户反馈也是智慧图书馆优化服务的重要一环。通过在线调查、意见箱、用户访谈和社交媒体互动等方式，图书馆能够直接获取用户的意见和建议，这些反馈对于评估服务质量和指导未来服务改进至关重要。用户反馈能够帮助图书馆了解用户的真实感受和需求，进而不断调整和优化服务。

智能分析系统的应用使图书馆能够预测用户需求。这一预测能力意味着图书馆能够更有效地满足用户的期望，减少资源浪费，并提高资源获取的针对性和效率。这种预测能力让图书馆能够及时调整馆藏结构，增加热门资源的采购，减少冷门资源的库存，同时为用户提供个性化推荐，提升用户体验。

### （二）实时响应用户需求

智慧图书馆利用在线服务平台和移动应用，为用户提供了一个能够实时响应需求的高效渠道。这些平台和应用是智慧图书馆与用户互动的前沿，它们通过集成先进的信息技术，如云计算、大数据分析和人工智能，为用户提供了便捷的服务体验。

用户可以通过智能搜索界面快速定位和访问图书馆的资源。该智能搜索界面通常包括高级搜索功能，如关键词搜索、全文检索、过滤和排序选项，以及智能提示和自动补全功能，这些功能显著提升了搜索效率和准确性。用户能够迅速找到所需资源，无论是电子书籍、学术文章、多媒体内容还是实体藏书。

个性化推荐系统也是智慧图书馆的一大亮点。该系统能根据用户的阅读历史和偏好自动推荐相关书籍和资料。这种个性化推荐基于用户以往的借阅记录、搜索行为和评分反馈，通过机器学习算法分析用户的兴趣点，并预测用户可能感兴趣的新资源。这种推荐机制不仅增加了用户发现新资源的机会，也提高了图书馆资源的使用率和用户满意度。

此外，智慧图书馆的在线服务平台和移动应用还提供了其他便捷功能，如在线续借、预约资源、访问电子期刊和数据库、参与虚拟参考咨询服务等。这些服务使用户无论身处何地，都能随时享受图书馆的服务。

### （三）无障碍获取信息

智慧图书馆积极采用无障碍技术，如语音识别和屏幕阅读软件，以确保视障人士能够平等地获取信息服务和知识资源。这些技术的应用不仅体现了智慧图书馆的包容性，也彰显了其对所有用户需求的深刻理解。通过语音识别技术，视障用户可以发出语音指令进行搜索、导航和操作，轻松访问图书馆的电子资源和数字服务。屏幕阅读软件则可以将文本信息转换成语音输出，使视障用户能够“听”到屏幕上的内容，包括网站信息、电子书和学术资料。智慧图书馆还可以提供触觉反馈技术，如盲文显示器和触觉地图，进一步增强视障用户的体验。此外，智慧图书馆对物理设施进行了改造，设置盲道、安装语音提示系统，提升视障用户的实体访问体验，并提供培训和技术支持，帮助视障用户熟悉和使用这些无障碍技术。

## 二、知识组织

智慧图书馆中的知识组织是一个关键过程，涉及将收集到的资源进行系统化和有序化处理，以便于用户检索和利用。这个过程包括传统的图书精细化标引，使用国际标准确保资源能够被准确归类和快速检索。同时，智慧图书馆还可以构建知识图谱，揭示资源之间的关联性，帮助用户更好地理解和探索主题领域。此外，智慧图书馆还提供多语言支持，在全球化的背景下，多语言支持使智慧图书馆能够服务于不同语言背景的用户，促进跨文化交流和知识共享。

### （一）采用精细化标引

智慧图书馆采用精细化标引方法对图书、期刊、报纸等资源进行深度加工，确保每一项内容都能被准确检索。这种方法通过细致的分类和编目工作，使资源的检索和利用效率得到极大提升。例如，对于古籍等珍贵文献，智慧图书馆进行细粒度著录，详尽记录文献的作者、出版信息、版本、内容摘要、主题分类等，甚至包括文献的物理特征和历史背景，从而为专业研究者提供丰富的历史文献信息。智慧图书馆还借助主题标引、元数据丰富、内容分析等多种方式，进一步强化资源的组织和管理。利用文本挖掘和自然语言处理技术，图书馆能够提取关键信息，建立知识之间的联系，并构建知识组织系统，如知识图谱和本体库，将复杂的信息结构化，帮助用户更好地理解和探索资源内容。此外，智慧图书馆提供个性化推荐和多维度检索途径，包括作者、标题、关键词、出版时间等多个检索点，使用户能够从不同角度查找资源，并实现跨库检索功能，整合不同数据库和资源库的资源，提供一站式检索服务。这种精细化管理不仅提高了资源检索的准确性，也提升了用户体验，使图书馆的资源能够更好地服务于学术研究、教育和公众查询。

### （二）致力于构建知识图谱

智慧图书馆利用知识图谱技术将图书馆内海量且分散的信息点编织成一个互

联互通的知识网络，构建起一个全面且系统化的知识体系。这种技术的核心在于通过图谱的形式揭示实体之间的关系，如书籍、文章、人物、事件和地点等，从而为用户提供一个多维度、综合的知识视图。这种视图不仅增强了信息的可检索性，还促进了知识的深度探索和跨学科的整合。

知识图谱的应用极大地提高了信息检索的准确率和覆盖率。用户可以通过直观的图谱界面快速定位到特定主题或领域的相关信息，包括书籍、期刊文章、多媒体资料，以及与之相关的人物和事件信息。这种技术使用户能够发现不同知识领域之间的内在联系，为学术研究和学习开拓全新的思路和视角。该技术还能够帮助用户挖掘隐藏在数据深处的知识和信息，进一步拓展研究的深度和广度。

研究表明，知识图谱技术可显著提升用户满意度。这种提升不仅源于检索效率的提高，还因为用户能够获得更加丰富和个性化的服务体验。用户对图书馆服务的整体满意度提高，他们对图书馆的资源和服务的信任度和依赖性也会随之增加。

知识图谱技术的应用还为图书馆带来了其他诸多益处。它优化了资源管理和服务流程，提高了图书馆工作人员的工作效率，为图书馆的战略决策提供了数据支持。

### （三）多语言服务支持

智慧图书馆通过提供多语言知识组织服务，致力于满足不同语言背景用户的需求，确保全球用户都能平等地访问和利用图书馆资源。这一服务的核心是借助自然语言处理技术，实现跨语言的资源检索和推荐，有效消除语言障碍，让信息获取变得更加便捷。智慧图书馆的用户界面支持多种语言，使用户可以根据自己的语言偏好进行操作和浏览，提升用户体验。图书馆还收集并提供多种语言的图书、期刊、电子资源和多媒体材料，满足不同语言用户的需求。

此外，智慧图书馆的机器翻译服务帮助用户理解非母语的资源内容，促进知识的全球共享。图书馆工作人员能够使用多种语言提供参考和咨询服务，帮助用户解决信息检索和研究中遇到的问题。图书馆还举办多语言的培训和教育活动，提升用户的数字素养和信息检索能力，并开展多语言文化交流活动，促进不同文化背景用户之间的交流和理解。智慧图书馆通过制定多语言政策和用户指南，确保服务的公平性和可访问性，让所有用户都能充分利用图书馆资源。随着技术的不断进步，智慧图书馆将继续探索并实施更多的多语言服务措施，以满足全球用户的多样化需求，推动知识的无界限传播和共享。

## 三、知识发现

智慧图书馆的知识发现过程可以帮助用户在海量信息中挖掘出有价值的知识，它不仅依赖于智能技术的应用，还需要与用户的紧密交互，以提供个性化的知识路径规划服务。

### （一）使用交互式的知识探索工具

智慧图书馆通过引入先进的交互式知识探索工具，极大地丰富了用户探索和发现知识资源的体验。这些工具包括可视化的知识图谱和虚拟书架，它们不仅改变了用户与图书馆资源互动的方式，还提高了用户获取信息的效率。

知识图谱作为强大的可视化工具，将复杂的知识结构和关系以图形化的形式展现给用户，使用户能够直观地看到不同概念、作者、主题之间的联系。用户可以通过交互操作，如放大、缩小、拖动和点击，来探索特定的知识领域，发现关联资源，这种直观的探索方式极大地缩短了发现知识所需的时间，并提高了用户对复杂信息结构的理解能力。

虚拟书架则为用户营造出类似于实体图书馆的虚拟浏览环境。在这个虚拟空间，用户可以轻松浏览书架上的图书，查看书籍的封面、简介和其他相关信息，并进行在线借阅或直接阅读。虚拟书架通过模拟真实的图书馆环境，为用户提供了一个便捷、亲切的阅读体验。

这些交互式工具的使用，不仅提升了用户探索知识的效率，还增强了用户与图书馆资源的互动性。用户不再是被动接收信息的对象，而是积极探索知识的主体。这种以用户为中心的服务模式，使智慧图书馆能够更精准地满足用户的个性化需求，提供更高效的服务。

### （二）提供个性化的知识路径规划服务

智慧图书馆通过深入分析用户的学术背景、研究兴趣和职业发展方向，为用户打造专属的知识学习和成长路径，帮助用户实现学术目标，提升其学术成就和职业竞争力。

智慧图书馆通过收集和分析用户数据，包括借阅记录、在线行为和学术成就等，构建细致的用户画像，并据此提供定制化的资源推荐和学习建议。在服务过程中，图书馆向读者推荐与用户学术研究方向相关的图书、期刊文章和数据库，同时提供与其职业发展相关的在线课程、研讨会和行业报告，帮助用户提升职业技能。

智慧图书馆还设计个性化的学习路径，包括必要的课程、研讨会和实践活动，引导用户系统地学习和掌握所需知识。此外，图书馆为用户的科研项目提供全方位的支持，包括文献检索、数据分析和研究方法指导，帮助用户高效地开展研究工作。

智慧图书馆定期跟踪用户的学习进度和成就，并提供反馈，帮助用户调整学习计划，确保学习目标的实现。通过智慧图书馆的平台，用户可以与同行建立联系，参与学术交流和合作项目，拓展专业网络。

## 第四节　智慧图书馆的知识服务模式

### 一、基于书籍关联与知识整合的智慧图书馆知识服务模式

#### （一）知识管理服务模式

在当今社会，数字技术的快速发展，网络上的信息呈现爆炸式增长，面对海量复杂的信息和资源，用户难以判断哪些信息是可靠和有价值的，哪些资源是真正适合自己的，这种信息过载的现象不仅降低了用户获取知识的效率，也对图书馆提出了更高的要求。当前，图书馆的角色和功能正在经历深刻的变革。图书馆的服务理念正在从过去注重馆藏资源和被动式服务，逐步转变为以用户为中心，积极发展智能化服务，以满足用户不断增长的个性化需求。图书馆必须主动采取措施，利用人工智能和大数据分析等信息技术帮助用户过滤和筛选信息，为用户提供更加精准和个性化的服务。

知识管理服务模式的实施不仅是为了提高信息的可获取性，更是为了提升知识的价值和利用效率，这一模式通过先进的智能技术和数据库技术，将馆员的专业知识与用户的需求紧密相连，创造出一个互动、高效、富有创新性的知识服务环境。在这个环境中，用户不再是被动的信息接收者，而是积极的知识探索者，能够通过知识管理服务模式获得更加丰富和深入的知识体验。知识管理服务模式强调对信息进行深度的提取、加工和管理，致力于将图书馆的资源与网络信息资源相结合，依据学科分类或特定的体系结构，构建起一个全新的专业化、智能化的导航库，从而帮助用户快速定位所需信息。在大数据时代，智慧图书馆需深入挖掘信息资源，对其内容进行简化概括，提炼和整合其中的有用知识，以便于人们识别和理解。此外，智慧图书馆还应利用先进的数据分析工具，对用户行为进行分析，以更好地理解用户需求，从而为用户提供更加个性化的服务。通过分析用户的阅读偏好和检索历史，智慧图书馆可以为其推荐相关领域的书籍和资料，甚至预测用户可能感兴趣的新话题。这种智能化的服务能够提高资源的利用率，提升用户的学习体验，使图书馆成为知识共享和创新的平台。

### （二）知识导航服务模式

智慧图书馆推出了知识导航服务模式，这种服务模式不再只提供传统的书籍借阅和资料查询服务，而是将服务对象扩展至全球范围内的每一个个体。服务内容的载体也变得极为丰富，从传统的纸质书籍到电子图书、在线数据库，再到多媒体资源，各种形式的资源应有尽有。此外，服务手段也发生了转变，馆员通过数据分析、用户行为研究等方式，能够主动为用户提供定制化的知识解决方案。

随着互联网技术的快速发展，用户面对海量数据时常常会感到无所适从，知识导航服务模式的出现正是为了解决这一问题。该模式能够在海量的信息中帮助用户找到所需资料，从而有效减少用户在信息查询上花费的时间和精力。在知识导航服务模式下，馆员的身份发生了变化，馆员转变为知识的导航者。他们通过深入理解用户的需求，能够运用自身的专业知识和技能为用户量身定制信息检索方案。此外，智慧图书馆体系的构建使图书馆之间的资源共享成为可能。跨馆合作不仅打破了地理界限，还极大地扩展了用户可访问的资源范围，馆员能够借助先进的信息技术实现跨馆的资源检索和传递，为用户提供更为全面和多元化的服务。

## 二、基于书与人共同心智的智慧图书馆知识服务模式

### （一）个性化定制与推送服务模式

1. 个性化定制服务

个性化定制服务模式旨在满足用户日益增长的个性化需求，为用户提供更加精准和贴心的服务。图书馆知识服务的对象是广大的用户群体，他们来自不同的领域，拥有不同的知识需求和信息获取能力。为了契合用户的多元化需求，服务提供者需具备敏锐的洞察力与出色的沟通能力，能够深入了解用户的知识需求心理，以便准确地把握用户的需求并根据用户的具体要求整理和归纳资源，通过对这些资源进行组织和深度挖掘，提供符合用户期望的个性化服务。在这个过程中，服务提供者不仅要确保资源的丰富性和多样性，还要考虑如何将这些资源以最有效的方式呈现给用户，以营造一个优质的个性化知识环境。服务提供者要深入了解用户的需求，持续跟进用户问题解决的动向，不断优化服务内容。例如，通过记录用户在检索过程中的行为模式，服务提供者可以发现他们的信息偏好和检索习惯，从而能够为他们提供更加精准的资料推送。通过定期的反馈机制，如问卷调查或直接对话，服务提供者可以及时了解用户对服务的满意度和改进建议，确保服务始终贴合用户的实际需求。此外，个人定制服务还应考虑用户的隐私保护问题，确保在提供个性化服务的同时，用户的数据安全能够得到保障。

2. 个人推送服务

个人推送服务模式是智慧图书馆为用户量身打造的个性化服务，在这种模式下，用户会获得一个专属的账号。通过这个账号，用户能够向图书馆表明自己所需资源的范围，还可以通过检索关键词或特定的检索方法详细说明检索需求。智慧图书馆在接收到用户提供的详细要求后，会在约定的时间内将用户所需资源推送给用户，这种信息推送服务使用户无须亲自前往图书馆或频繁在线搜索就能够获取所需资源，从而提高了资源获取的效率，节省了用户的时间和精力。图书馆主要通过电子邮件、微信平台或智能软件进行信息推送，这要求用户通过软件将个人的需求和偏好详细地输入系统，系统接收到用户的指令和需求后将自动开始工作，或者结合人工的辅助，根据用户指定的偏好和方式，进行针对性

的资源检索。在检索工作完成后，系统会将找到的资源传递给用户。这种结合了智能技术和人工服务的信息推送模式能够提高用户获取所需资源的效率，提升用户的体验。

### （二）自助性服务模式

自助性服务模式对智慧图书馆和用户均有要求：一方面，开展自助服务，需要智慧图书馆拥有完善的知识服务体系；另一方面，用户要拥有一定的实际操作能力，并能够将自己的需求以清晰简洁的话语表达出来。自助服务模式的推广，使用户在享受图书馆服务的同时，还能够提升自身的学习能力和解决问题的能力。通过自助服务，用户可以更加灵活地安排自己的学习计划，根据个人需求选择合适的学习资源，实现个性化学习。随着数字技术，特别是人工智能技术的不断突破，构建可自主进行知识查找、信息重组的智慧服务平台已成为现实。如今，用户可以借助智能手机、个人电脑或其他数字设备，就能随时随地接入智慧图书馆的自助服务网络，享受便捷、快速的信息检索、借阅、咨询等服务。该平台能够为用户提供更加个性化、高效的服务体验，提高图书馆的运营效率，实现资源的优化配置。

## 三、基于人与人共同心智的智慧图书馆知识服务模式

### （一）智慧化参考咨询服务模式

基于之前图书馆参考咨询服务的经验，智慧化参考咨询服务可以分为以下几类：

1. 实时资讯

实时资讯是一种直接且高效的参考咨询服务，为了更好地满足用户的咨询需求，图书馆应当专门设立参考咨询服务平台。用户可以通过这个平台提出问题，或是根据自己的需求选择特定的馆员来为自己提供服务。通过这样的方式，用户可以得到更加个性化和更具有针对性的帮助；馆员能更好地利用自己的专业知识和技能为用户提供更加高效的咨询服务。用户通过平台发出请求后，服务平台会立即将信息传递给相应的馆员。馆员在接收到用户的请求后，会根据用户的具体要求和情况迅速指定合适的人员来为用户提供实时的参考咨询服务。这样的服务

模式不仅能够提升用户的使用体验，还能够提高图书馆服务的质量和效率，使智慧图书馆能够更好地服务于用户，满足用户在学习和研究过程中的各种需求。实时资讯服务模式的优势在于其互动性强，用户可以直接与馆员进行对话，提出问题并获得解答，而且，该服务还能够突破时空的限制，用户无论身处何地，只要能够连接互联网，就能够享受图书馆提供的专业咨询服务，从而有效扩展了图书馆服务的范围。

2. 异步式参考咨询

异步式参考咨询服务指的是当馆员或专家无法即时提供参考咨询服务时，用户可以通过参考咨询服务平台，将自己的问题输入到搜索引擎系统中，系统会智能筛选，从庞大的知识库中提取相关的内容，并以清晰的格式呈现给用户。此外，系统还会提供负责解答问题的馆员或专家的联系方式，确保用户能够直接与知识的提供者取得联系，从而获得更深层次的解答和帮助。这种服务不受时间和地点的限制，用户可以随时随地提出问题，图书馆工作人员也可以在方便的时候进行回复。通过这样的方式，不仅为用户提供更加个性化的解答，节省了时间，还减轻了图书馆工作人员的压力，实现图书馆人力资源的优化配置。

3. 联合式参考咨询

联合式参考咨询服务是基于智慧图书馆的强大网络连接能力，将分散在不同图书馆的资源整合在一起，为用户提供更为全面和高效的参考咨询服务。面对用户提出的各种问题，如果当前图书馆的资源或专业知识无法解决，那么工作人员可以将问题转交给其他图书馆。通过这种跨馆合作，用户的问题能够得到有效解决。

### （二）学科馆员服务模式

20 世纪 50 年代，学科馆员服务模式在美国出现，当时，一些具有特定专业背景的馆员开始为相关学科的学生提供咨询与解答服务。这种服务模式的出现，标志着图书馆服务从传统的文献借阅向更为专业化的知识服务转变。随着时间的推移，这一服务模式逐渐被世界各地的图书馆所采纳。在我国，随着图书馆事业的蓬勃发展，越来越多的图书馆开始提供学科馆员服务，以期更好地满足用户学术研究和教育的需求。然而，尽管许多图书馆已经引入了学科馆员服务，但其实施效果却参差不齐。一些图书馆的学科馆员服务仅停留在表面，缺乏深度，这些图书馆只是在网站上简单地列出学科馆员的名单、专业特长、联系方式，而没有真正地将学科馆员的专业知识和技能融入日常的服务中，这种现象在一定程度上反映了部分图书馆在服务创新上的盲目跟风，以及对学科馆员服务模式理解的不足。

相较于其他一般馆员，学科馆员具备对相关领域知识进行整合及提供专业服务的能力，在特定领域内拥有更为深厚的专业知识。他们能够深入挖掘信息资源，并通过创新的方法，将知识以新的形式呈现给用户，从而丰富图书馆的服务内容。尽管学科馆员相较于一般的图书馆员拥有更为扎实的专业知识，但其水平与该领域的科研人员还是有很大差距的。学科馆员与科研人员之间的最大区别在于他们的研究侧重点不同。科研人员通常致力于对某一专业领域进行深入研究，探索未知领域，推动学科发展，而学科馆员则更多地关注专业知识的搜集、整理、重组、挖掘和传递。他们不直接参与专业知识的深层研究，但会通过对知识的有效管理和传播间接地促进学术研究的进步。学科馆员本质上仍然是一个图书馆员，但其职责和服务内容与普通图书馆员存在显著差异。他们不仅需要具备扎实的图书馆学基础，更要拥有深厚的专业知识，其服务的主要内容是将其自身的专业知识进行归纳和重组，形成更加易于理解和利用的知识体系。

## 四、随时随地可用的智慧图书馆知识服务模式

### （一）移动便携模式

在当今时代，我国正经历着前所未有的网络技术革新。随着移动互联网技术的快速发展，人们获取信息的方式正在发生翻天覆地的变化。越来越多的人选择通过便携式设备，如智能手机、平板电脑、笔记本电脑等接入互联网，享受便捷的信息服务。这一趋势不仅改变了人们的日常生活方式，也深刻影响了各行各业的运营模式。图书馆也在积极地将智能技术融入服务当中，以满足用户日益增长的移动化阅读需求。移动便携模式具有广阔的发展前景，这种模式使知识的传播和获取变得更加高效。用户可以利用碎片化的时间，通过移动设备随时随地进行学习和研究，这无疑为终身学习理念的推广和知识普及工作提供了强有力的支持。

图书馆正在积极地建立移动端服务平台，以便用户能够通过智能手机或其他移动设备轻松访问所需的信息和资源。此外，图书馆还在微信等社交平台上建立了智慧图书馆公众服务平台，通过这个平台，用户可以接收图书馆推送的最新动态和内容，获取自己感兴趣的信息和资讯，从而有效提升服务的可及性。

### （二）智能交互模式

智能交互模式致力于将多样化的智能交互设备融入人们的日常生活中。例如，在公交站和地铁站，通过设置专门的 LED（发光二极管）滚动信息屏或数字电视，能够实时传递社会新闻和最新资讯，为通勤者获取信息提供更为便捷的途径。这些信息屏和电视屏幕既能为公众提供实用信息，也能成为城市文化的一部分，体现现代科技与公共空间的有机结合。图书馆可以开发人性化的智能软件。该软件通过感知系统来捕捉用户查询资源时的需求，通过分析用户查询的关键词、历史查询记录、用户的行为模式，来理解用户的知识需求、学习风格、心智能力，从而帮助用户更准确地获取知识。智能软件的开发要充分考虑用户体验，软件界面的设计要直观明了，使用户能够迅速掌握各项功能和操作步骤。

# 第四章　智慧图书馆知识服务延伸情境研究

本章为智慧图书馆知识服务延伸情境研究，依次介绍了智慧图书馆知识服务延伸的机制、智慧图书馆知识服务延伸的资源情境、智慧图书馆知识服务延伸的互联情境、智慧图书馆知识服务延伸的服务情境四个方面的内容。

## 第一节　智慧图书馆知识服务延伸的机制

智慧图书馆知识服务是建立在传统图书馆知识服务基础上的，与传统图书馆提供的知识服务有一定区别，又称为新型知识服务或智慧服务。智慧图书馆围绕用户的具体信息需求来提供精准化的知识服务，使用户能够获得与自己的需求高度相符的知识资源。这一过程实质上是对隐性知识的转移，即隐性知识由势能较高主体向势能较低主体的转移。本节以系统动力学等理论为依据，主要研究智慧图书馆知识服务延伸机制。

### 一、智慧图书馆知识服务延伸的目标与原则

#### （一）智慧图书馆知识服务延伸的目标

在资源建设层面，图书馆要主动从提供资源转向服务用户获取资源；在资源形态层面，图书馆要实现由纸质资源向纸质资源与电子资源合理配置、空间资源优化重构、人力资源创新运用的转变；在服务内容层面，图书馆既要提供文献类、数据类等信息和知识，又要提供立体式智慧服务，如提供包括创客空间、学习平台等在内的服务；在服务形式层面，图书馆要从提供整本文献借阅服务转变为提供碎片化知识获取渠道。

智慧图书馆知识服务延伸的过程，是指由搜集、整理和提供各类研究成果拓展至参与分析和研究各类成果的过程。智慧图书馆知识服务延伸，是指由提供信

息（如文献信息）拓展至提供人本化服务（如挖掘数据、传递信息、优化空间、探索知识和智慧服务等）的过程。智慧图书馆知识服务延伸的目的是向用户提供个性化的服务，满足用户知识需求，缩小感知体验与实际使用体验之间的差距。为此，智慧图书馆需要完善知识服务互联互通情境，提高资源和服务的利用便捷程度和实用效果，既要关注图书馆本身提供的技术、资源和服务等内容，又要关注用户的需求变化。

智慧图书馆知识服务延伸旨在全面优化服务情境，提升用户体验，实现知识服务的智慧化、人性化和高效化。具体而言，这一过程涉及运用物联网技术推动资源的数字化转换，以元数据收割策略为指导构建数据仓库，为后续的大数据存储与计算奠定坚实基础，从而生成可靠度高的最新信息资源。在此基础上，进一步实施信息采集与资源重组策略，借助资源再造手段搭建知识库体系，实现信息向知识的转化。此外，运用情境感知技术，智慧图书馆能够通过精细化服务平台来提供个性化知识服务产品，推动知识向智慧化形态发展。利用大数据分析工具和机器学习算法，智慧图书馆能够深入挖掘用户特点，精准推送个性化知识服务产品。

智慧图书馆知识服务的情境功能，必须以互联情境技术为保障。物联网的支持性情境技术和知识服务平台的易用特征，再加上用户体验方面的持续优化，使智慧图书馆知识服务的互联情境更容易被用户感知。资源情境是智慧图书馆知识服务的实体基础，资源内容与结构的优化重组对于促进用户的知识挖掘、联想、利用及创新活动具有至关重要的作用。人力资源作为智慧图书馆知识服务延伸的首要资源，对于新兴技术在知识服务中的应用、资源再造、知识创新和智慧服务的实现具有决定性影响。在智慧图书馆知识服务延伸机制中，互联情境、资源情境和服务情境之间存在相互融合、交叉影响的关系，共同影响决定了智慧图书馆知识服务的整体水平和用户的感知体验及其满意度。

当前，随着技术环境的变化，智慧图书馆尤其要关注用户的需求，具体要做到以下几点：

第一，要建立健全平台机制并实现技术迭代升级，全面响应用户需求变化，优化用户体验，提升用户的感知易用性。在构建互联情境的过程中，智慧图书馆知识服务平台应向各类互联终端和多个地理空间环境、区域时段提供支持，满足各层次用户随时随地进行信息交互的需求，提升互联场景的易用性及其功能的完备性。设备的易用性，即用户操作知识服务平台过程中产生的感知体验，包括感知平台是否兼容、运行是否流畅、响应是否及时，以及系统的安全性等。互联设备操作界面的设计必须满足人性化需求，既要体现感知易用特点，又要兼顾美观性，符合用户使用习惯。此外，知识服务平台支持系统应是可维护、可拓展和可修复的，以保障知识服务在多个平台之间的流通和共享，并确保资源组织的科学性与合理性。

第二，高度关注资源质量的提升与资源的再造。智慧图书馆需要监督和管理资源采购与组织活动，实现资源内容的重组和语义化情境再造，提升用户在资源利用过程中的感知能力。在资源情境构建过程中，智慧图书馆提供的知识服务资源必须做到及时更新，确保知识服务资源的专业化，满足用户的个性化需求。在构建资源再造情境的过程中，智慧图书馆应提前实现对语义化情境的再造，这是重组资源内容的必要条件，也是确保用户获取标准化、可视化和知识化信息的重要手段。此外，智慧图书馆需要实现平台信息描述、符号价值和意义的统一，确保所组织和表达的信息更加系统、直观，更具有结构性、融合性。

第三，重视挖掘和利用人力资源。智慧图书馆知识服务延伸，要求馆员具备较高的服务能力和专业素养。在此背景下，智慧图书馆应该加快培养馆员的职能意识，提高馆员的服务能力。馆员的专业素养和服务能力能够有效激发服务对象的潜在需求，促进馆员与服务对象之间建立和谐、高效的关系，为智慧图书馆知识服务的持续优化与创新提供有力的人才支撑。随着用户知识服务需求的日益复杂化，馆员的能力要求也随之改变，从基础的单一学科服务逐步延伸至跨学科的综合服务，并从数据处理、信息服务层面延伸至知识管理、智慧服务层面。在这一过程中，专业馆员应提高自身的专业技术水平，并向专业化、集成化、学科融合以及技术驱动方向发展。

为确保智慧图书馆知识服务的顺利推进与成功实施，构建一套兼具竞争激励效应与实际操作可行性的制度框架和培养体系显得尤为重要。

第四，关注服务的激励机制与服务适配性的优化。服务激励的核心是优化服务资源情境和互联情境，激发并引导知识服务的主体与客体以更加饱满的热情参与智慧图书馆知识服务过程，不断丰富和完善知识服务的内容体系与功能架构。

为达成这一目标，需从两方面推进。首先，应提高知识服务的灵活性与响应速度，通过优化服务流程，减少用户投入的时间、精力成本，确保用户能够迅速、便捷地获取所需信息，同时，保障服务流程的高效、友好与安全，实现服务流程的标准化与规范化。其次，服务过程需深度融入个性化元素，即根据用户的个性化情境进行服务定制。在信息推送方面，需精准把握用户的接收能力，确保用户的信息诉求能够得到及时有效的响应，实现服务情境的个性化。最后，根据协同共创的原则，智慧图书馆需要注重服务的高效性和便捷性，实现知识服务的共创共享，以及服务功能和服务情境内容的全面个性化，为用户创造更加舒适、高效的智慧图书馆知识服务体验。

### （二）智慧图书馆知识服务延伸的原则

用户是智慧图书馆知识服务的主要对象，因此，满足用户需求成为智慧图书馆知识服务延伸应遵循的根本原则。智慧图书馆的知识服务延伸，需要提高用户的满意度，为用户提供良好的感知体验。智慧图书馆知识服务延伸的原则具体包含以下几点：

第一，以用户需求为导向。该原则是智慧图书馆实现知识服务延伸所要遵循的根本原则。用户是智慧图书馆提供知识服务的主要对象，其可以接受、体验并评价智慧图书馆提供的知识服务，为智慧图书馆知识服务的持续改进与创新提供内在动力。因此，智慧图书馆需要及时了解用户需求，在能力范围内解决用户实际问题；此外，智慧图书馆还要鼓励用户积极参与知识服务延伸建设，针对智慧图书馆的知识服务做出反馈或提出建议，以帮助智慧图书馆完成对资源情境和服务平台的建构、推广。

第二，体现包容性。智慧图书馆提供的知识服务，其中的流程标准尚在完善中。因此，智慧图书馆要尝试解决用户在享受知识服务过程中遇到的问题，得到用户的理解与包容，不断优化知识服务质量。

第三，互联情境的易用性。在技术不断发展的背景下，互联情境的易用性成为智慧图书馆知识服务不可忽视的原则。当前，用户不再局限于使用某一个智慧图书馆知识服务平台，而是实现了泛在化利用。用户期望智慧图书馆提供更加个性化和便捷的知识服务，不再受时间、空间、设备等的限制，实现跨平台、多情境的信息资源共享与利用。因此，智慧图书馆知识服务应遵循互联情境的易用性原则，确保用户能够随时随地高效利用服务资源。

第四，资源重组与资源再造。通过有效的资源重组及再造，力求知识资源能够满足用户多样化、深层次的需求，提升服务的有用性与实用性，为智慧图书馆知识服务的持续发展奠定坚实基础。提高信息资源的利用效率，并充分发掘资源情境功能在知识服务领域的潜能，对于提升智慧图书馆知识服务水平、降低知识服务成本具有重要作用，同时是确保智慧图书馆知识服务持续进行的关键。智慧图书馆所提供的各类资源，既是其知识服务活动的内容，也是评估知识服务实现程度的依据。在智慧图书馆知识服务中，资源情境构建与资源再造能否取得成功，取决于资源的利用效率及功能效益的实现程度。另外，资源情境是否权威、精确、专业及具有创新性和时效性，都会影响用户在资源情境中所获得的知识及感知体验。语义化知识因其具有专业性，同样会使资源情境中的信息或再造资源更具知识性、专业性、智慧性，甚至可视化性，从而极大提高了资源的价值与应用潜力。

第五，服务的适配性。智慧图书馆知识服务的适配性，满足了用户使用智慧图书馆知识服务的需求，使智慧图书馆本身的知识服务流程更加标准、情境内容更加多样，有利于实现智慧图书馆知识服务绩效。智慧图书馆知识服务的适配性，体现在知识服务过程中的及时性、适量性、针对性、协调性、适应性、有效性等多个方面。智慧图书馆知识服务的总体适配程度，作为衡量智慧图书馆知识服务绩效的关键指标，对服务效果具有深远影响。

第六，情境功能拓展。智慧图书馆在知识服务过程中会发生信息交互，这一行为构成了知识服务延伸的基础，能够解决知识服务的无序问题，提高知识服务的自适应匹配功能，为用户提供良好的知识服务情境，使用户获得良好的知识服务情境感知体验。

智慧图书馆中的互联情境、资源情境和服务情境，本质上都是对交互拓展功能的设计，这为延伸智慧图书馆知识服务提供了可能。在互联情境的设计中，智慧图书馆应重点关注知识服务平台的易用性、便捷性和可用性；在资源情境的设计中，智慧图书馆应重点关注知识服务内容的有用性和专题性，实现资源情境的再造与整合；在服务情境的设计中，智慧图书馆应重点关注服务流程的标准化与情境内容的个性化。

## 二、智慧图书馆知识服务延伸的关键要素分析

智慧图书馆的知识服务要素通常包括知识服务主体、知识服务本体、知识服务媒体、知识服务空间、知识服务受体。结合知识生态系统的相关理论，以及智慧图书馆知识服务延伸的特点，本书提出了构成智慧图书馆知识服务的生态要素，具体包括以下几点：

### （一）知识服务延伸主体要素

智慧图书馆的知识服务主体，具体是指专业馆员、其他用户，以及负责知识服务管理的管控主体，其主要运用新媒体信息技术来向用户提供知识服务，并负责帮助用户收集相关信息和获取相关知识。

1. 专业馆员

专业馆员作为智慧图书馆知识服务延伸的引领者，凭借自身的专业技能为用户提供高质量的知识服务，通常具备图书情报分析能力，并掌握一定的数据分析技能。这些特点使专业馆员在智慧图书馆的知识服务体系中发挥着不可替代的作用。此外，专业馆员具备的知识挖掘等专业技能，也是推动智慧图书馆知识服务延伸的重要因素。

2. 用户个体

用户是知识服务的接受者，也是知识创新、知识共享的参与者，在智慧图书馆的知识服务体系中发挥着关键作用。作为知识服务的构成要素与重要参与者，用户个体涵盖了知识的生产者、传播者、解析者、互动者，以及知识共创的合作伙伴。智慧图书馆的用户个体规模庞大，其影响力正逐步提高。

### （二）知识服务延伸本体要素

知识服务的本体，即知识服务主体根据用户在知识服务空间中的需求，向用户提供具有个性化、层次化的知识服务内容。智慧图书馆提供的知识服务内容，主要分为两大类：一是传统形式下建立的特色资源库，二是新媒体形式下通过资源再造产生的新型知识产品。

1. 特色资源库

用户对智慧图书馆知识服务的接受度，取决于服务内容的全面性和创新性。

因此，智慧图书馆需要及时更新、完善知识服务内容资源库，以扩大其覆盖范围和创新程度，否则可能削弱用户对学科前沿动态的追踪能力。知识服务内容资源的优化，能够增强用户对智慧图书馆知识服务的忠诚度。此外，知识服务内容资源是否准确可靠、特点鲜明，也是评价智慧图书馆知识服务质量的重要标准。智慧图书馆可以使用考证、筛选和评估等手段，检验第一手资料来源的可靠性，使馆藏资源更加权威。同时，智慧图书馆应构建专题库、机构库等特色资源库，以提升知识服务交互信息的独特性、准确性和实用性。

2. 资源再造产品

在新媒体环境下，通过互联网工具获取的信息在内容形式上发生了显著变化。互联网时代，信息的碎片化以及平台的个性化，使信息可以通过文本、图片、视频和音频等多种形式进行传播，这些信息还可以相互组合，提高了用户获取信息的效率。互联工具确保了信息内容的精炼、灵活和多样化，为用户提供了更为丰富的选择。智慧图书馆通过对传统信息及新媒体形式信息的资源进行再加工，实现内容的深度重组与精细化处理。这一过程包括元数据化整合与语义化关联的建立，构建了情境化的资源库，促进了信息的知识化转化与可视化呈现。资源再造在提高用户信息检索效率、分析利用能力，以及实现个性化信息推送方面发挥着重要作用。通过加强信息之间的关联，深度挖掘语义，能够揭示出信息资源所蕴含的知识价值属性。同时，借助可视化技术整合与聚类算法，对资源内容进行更为精细和个性化的重组与加工，确保资源内容的可视化表达，从而有效实现资源的再造，这一系列举措是智慧图书馆知识服务延伸的重要保障。

### （三）知识服务延伸媒体要素

智慧图书馆的知识服务，是利用信息载体向用户生产、传播或分解一些信息，其中会运用各类处理信息本体的工具和技术方法。在智慧图书馆领域，知识服务的延伸媒体主要涵盖互联端工具与知识服务技术平台。

1. 互联端工具

互联端工具（如手机等）运用了互联通信、物联网和智能制造等技术。例如，手机作为应用最为广泛的互联终端工具，其搭载了独立的操作系统（如 iOS 或安卓等）和充足的存储空间，使用户能够自主完成浏览器、客户端和应用程序（App）安装等工作，进而在网络环境中实现互联互通。手机还能向用户提供地理位置、行为数据等信息，满足用户的个性化信息需求，成为具有挖掘分析用户偏好等功能的重要设备。手机的普及性与易获取性促进了知识服务的信息生产、传播与消费。平板电脑（如 iPad）则以适宜的屏幕尺寸、可移动性、合理的布局设计，以及美观的色彩与文字，赢得了用户的青睐。在无线及互联网络等技术的加持下，信息传感设备通过扫描二维码、应用定位功能等手段，实现对信息的智能控制与处理，可以随时随地感知、传递并获取信息。传感器、RFID 技术和激光扫描器等是信息传感设备主要的接触终端。信息传感设备通常作为辅助工具，间接地参与信息的生产过程，例如，智能手环能够收集用户的步数、睡眠状况、饮食习惯等实时数据，为健康类知识服务话题的讨论提供数据支持。

2. 知识服务技术平台

知识服务技术平台是集成了互联网、大数据、移动通信和云存储等多种技术的交互平台，实现了对资源和知识的集中管理。智慧图书馆知识服务技术平台，应加大对多类型设备互联互通等技术的研发力度，实现知识服务的跨屏操作；同时，还需要优化文字、图片在不同屏幕尺寸之间切换的流畅性、匹配性、灵敏度。智能终端中的数据处理与编码技术，使智慧图书馆能够及时获取并分析用户行为和反馈，进一步提升知识服务的智能化水平。当前，知识服务技术平台包括云舟域空间知识服务系统与超星学习通等。云舟域空间知识服务系统由数字空间系统、数字资源、全网络服务平台三大模块构成。其中，数字空间系统是云舟域空间知识服务系统的基础模块，能够构建空间资源的组织与管理框架，其社交功能为用户提供了获取资源、组织学习、发表评论，以及进行分享的自组织活动空间。云舟域空间知识服务系统在 PC 端与移动端实现了互联互通，具有互动性、创新性、知识精准性等特征，并具备较高的用户黏性。超星学习通依托其丰富的图书、期刊、视频等原创资源积累，并根据神经系统开发原理，成为方便用户进行知识管理、专题创作与课程学习的知识分享平台。该平台提供一键式获取的学习环境，极大地方便了用户的学习与知识分享过程。

### （四）知识服务延伸空间要素

智慧图书馆的知识服务延伸依赖于物理与虚拟空间的整合，此为延伸空间要素的基础。随着物联网技术与通信技术的广泛渗透，现实与虚拟世界的界限日益模糊，智能终端所构建的数字化虚拟环境作为现实世界的镜像存在，催生了一系列新型空间要素——信息伦理、信息时空、信息制度，它们共同塑造了数字时代“信息环境的环境化”。

1. 信息时空

信息时空，是指用户在信息处理全生命周期（生产、组织、传递、分解、消费）中的活动空间，支持用户灵活筛选、自由借阅与数字化保存智慧图书馆资源，促进了资源的分享、转发和记录等互动行为，具有高度的自主性与自组织特性，推动着信息空间结构的持续优化与合理化进程。

2. 信息伦理

信息伦理，是维系知识服务延伸空间要素的道德基石，依托于用户内在的信念与信息素养，其非强制性特征体现了道德自律的本质。信息伦理由主观信念与客观规范构成，旨在知识服务过程中确立行为准则与约束条件，有效调和馆员与用户之间的信息交互关系，确保数据、信息、知识与智慧服务的正向流动。

3. 信息制度

信息制度由信息政策与信息法律这两大方面构成，是国家权力机关为规范信息行为主体而制定的规则体系。信息政策深入知识服务的各个链环（生产、加工、消费），旨在通过国家层面的行为规范引导信息产业健康发展；信息法律则专注于解决信息活动中的知识产权、合法权益保护、违法责任追究、个人隐私维护等法律问题，为信息行为主体提供法律仲裁依据。

### （五）知识服务延伸受体要素

知识服务延伸受体，即知识生态系统中知识服务活动的终端受益者，广泛指代用户群体。在市场经济与用户导向的背景下，知识服务延伸受体的价值与地位显著提升，“用户至上”“以用户为中心”已成为智慧图书馆开展知识服务的主要原则。智慧图书馆知识服务延伸受体，主要是指通过知识服务平台与互联网工具接受知识服务的各类群体，包括学生、教师、科研人员和普通公众。智慧图书馆知识服务延伸受体的需求会随着新媒体内容、工具形式、知识服务技术平台、图书馆员、信息时空布局、信息伦理规范以及信息制度等多方因素的作用而不断变化。这既体现了智慧图书馆知识服务的特征，也反映出受体因个体知识结构差异产生的层次性、个性化需求。

值得注意的是，在智慧图书馆知识服务延伸受体中，用户之间的主体与受体关系并非一成不变，而是呈现出相对性与动态转换的特点。具体而言，当用户在知识服务平台上参与知识服务与共享活动时，主体与受体的角色会随着知识共享与协同创造过程的深入而不断转换。例如，某个用户作为受体在吸收新知识的同时也在准备或已经参与到与其他用户的知识共享中了，此时这个用户便转变为服务主体。

## 三、智慧图书馆知识服务延伸动力反馈机制与优化路径

智慧图书馆知识服务延伸动力会受到两股力量的影响：一股为驱动力，积极促进知识服务延伸的拓展与优化；另一股则为阻力，制约着知识服务延伸的进步。在此，将深入探讨智慧图书馆知识服务延伸的动力反馈机制与优化路径。

### （一）智慧图书馆知识服务延伸动力反馈机制

智慧图书馆知识服务延伸是多要素相互交织、协同作用的结果。以物联网技术为保障的知识服务平台，其中的用户群体、服务主体、服务内容、信息资源，是智慧图书馆知识服务延伸的构成要素。用户的信息行为与利用模式，受到知识服务平台易用性、资源情境有用性、服务情境激励性的深刻影响，这些因素会进一步激发用户持续使用知识服务平台的意愿。与此同时，互联情境、资源情境和服务情境对用户使用知识服务平台的体验也有重要影响，它们通过正向或负向的反馈机制，将知识服务延伸体系作用于智慧图书馆。因此，提升智慧图书馆知识服务延伸的质量，关键在于各情境功能的科学构建、持续优化、灵活变革与有效协调。

智慧图书馆知识服务延伸的动力反馈机制，可细分为输入、输出、交互和反馈共四个环节，共同作用于知识服务延伸的整个过程。

第一，输入环节以用户的个性化信息需求为切入点，精准获取用户对互联情

境、资源情境和服务情境的期望与要求，据此设计出匹配的服务情境及功能，这是智慧图书馆知识服务延伸的目标。

第二，输出环节主要关注用户的满意度，全面反映用户对互联情境的易用性、资源情境的有用性、服务情境的激励性的综合评价。这不仅是知识服务效果的直接反馈，也是衡量服务延伸效果与用户期望差异的关键。

第三，交互环节体现的是智慧图书馆的知识服务情境能否动态适应用户在心理、认知和行为等层面产生的感知体验，这一过程是深化用户对智慧图书馆平台设备情境、资源情境、服务流程认知的关键所在。用户对知识服务各个环节的感知，是评价智慧图书馆知识服务延伸效果的重要依据。

第四，反馈环节是指用户对智慧图书馆知识服务体验的直接感知，深刻影响着用户对智慧图书馆知识服务的选择。如果智慧图书馆知识服务的各类情境因素及功能，能使用户产生良好的知识服务体验，并对用户的行为产生正面的引导作用，那么这将促使用户继续使用智慧图书馆知识服务平台。这种正向的反馈，体现了用户对智慧图书馆知识服务的肯定与认可，会激发用户提供建设性的意见或建议，进一步推动智慧图书馆知识服务的优化与发展。相反，如果智慧图书馆知识服务的情境因素及功能未能满足用户的期望，甚至使用户产生负面的感知体验，那么这将对用户的行为产生阻碍作用，影响智慧图书馆知识服务功能的有效发挥。在此情境下，用户可能对智慧图书馆知识服务产生否定或抵触情绪，对知识服务的持续优化与改进构成挑战。因此，反馈环节的正负作用不仅是衡量智慧图书馆知识服务效果的重要指标，更是指导其延伸改进与优化的关键所在。

智慧图书馆知识服务情境的构建及其作用机制，会受到多个因素的综合影响。在此背景下，智慧图书馆知识服务情境要素功能会推动知识服务的延伸。用户的个性化需求会从根本上影响智慧图书馆知识服务延伸方向。与此同时，智慧图书馆中的互联设备、资源和服务也会影响智慧图书馆知识服务延伸方向，它们作为知识服务的供给基础，满足了用户多样化的需求。在智慧图书馆知识服务过程中，用户的感知与体验是至关重要的一环。用户通过与知识服务平台中的互联情境、资源情境和服务情境的直接交互，实现了对知识服务平台的反馈。这种反馈通过用户体验与感知结果的传导机制，进一步影响了用户的意愿和评价。一方面，基于用户体验的意愿传导机制，可能调整用户的个性化需求和使用偏好；另一方面，评价机制通过正负激励作用，影响用户的持续使用行为。用户的主观认知和正当反馈有助于提升知识服务的质量。相反，主观认知偏差或不当反馈则可能阻碍交互功能的发挥，减弱知识服务的效果。这种内作用力主要由信息资源的自有属性决定。资源的质量、适用性及对用户的价值大小，是决定知识服务质量的关键因素。此外，用户体验与感知中的外作用力在知识服务中也发挥着重要作用。这一外作用力主要由互联情境因素和用户个体信息构成，它们是知识服务的基础性条件。互联情境中平台的设备情境以及技术水平，对知识服务的质量具有决定性影响，它们通过改善知识服务平台的易用性、稳定性和安全性，为加强知识服务效果提供了有力支撑。

智慧图书馆知识服务情境的构建与作用的发挥，是多方力量共同参与、相互协作的综合性成果。其中，用户个性化需求、图书馆供给侧的资源与服务、用户的感知与体验以及内外作用力等因素共同构成了知识服务延伸的推动力。在未来的发展中，应进一步优化这些要素之间的协同关系，以提升智慧图书馆知识服务的整体水平。技术设备的用户友好性和情境功能的激励性与适配性，是智慧图书馆知识服务延伸不可或缺的因素。智慧图书馆知识服务的延伸必须从资源情境开始，通过资源的创新整合与重塑，激发知识服务延伸的内在驱动力。技术水平为智慧图书馆知识服务情境功能的发挥提供了保障，支撑着智慧图书馆知识服务的高效运行。在智慧图书馆知识服务交互过程中，用户的认知能力、知识结构、情感倾向等个体特征，深刻影响着智慧图书馆知识服务平台的易用性、信息资源的实用价值、服务情境的激励效果，这些因素共同决定了知识服务延伸的质量。另外，知识服务效果对用户的主观认知与后续行为产生反馈影响。因此，智慧图书馆在推进知识服务延伸时，必须持续优化互联情境与服务情境。

智慧图书馆知识服务的延伸，源自内外两大动力的协同作用。内部动力作为核心驱动力，与外部动力形成的基础性支撑相辅相成，共同推动延伸服务的不断发展。与此同时，内动力与外动力之间又存在着相互制约与促进的关系，外部动力基础条件的升级可以为延伸服务的衍生功能创造有利条件，提高知识服务的情境感知能力与用户满意度。内部动力与外部动力作为智慧图书馆知识服务生态系统中双生且共生互助的力量，它们之间的匹配性、协调性、融合度及相互优化，是提升知识服务情境质量的关键所在。这种力量的协同与升华，将极大地促进服务整体感的提升与功能全面感知性的增强，从而为用户带来更加丰富、高效、个性化的知识服务体验。

### （二）智慧图书馆知识服务延伸优化路径

1. 互联情境易用性延伸优化路径

智慧图书馆知识服务平台的互联情境易用性，使智慧图书馆具有互联与智能化特征。针对影响智慧图书馆知识服务平台互联情境易用性的因素，如平台技术支撑强度、终端设备兼容性以及设备操作便捷性等，应增强智慧图书馆知识服务情境交互的易用功能，具体可从两大路径着手：一是技术手段的革新（物联网技术、云存储技术、云计算技术、人工智能技术等），二是物理设备的改进（平台架构、空间布局、物联网设备等）。

提高智慧图书馆知识服务互联情境的易用性，可以从技术手段的易用性和物理设备的易用性两方面着手，逐步细化到子级指标，推动不同情境功能的优化升级。这一延伸路径具体涵盖以下两个方面：

一方面，智慧图书馆知识服务的平台建设与内容创新，需要得到新兴技术和创新方法的支持。物联网技术的运用实现了信息的空间交互，提升了用户对位置的感知精度，用户可以通过用户端进行物与物之间的交换。借助识别、定位、追踪、监控和管理等智能化操作，用户可以获得全方位、多感官的智能化融合体验，使互联情境更加便捷、可用和易用。同时，智慧图书馆 MVS 知识服务平台架构，借助云存储、大数据、云计算等技术，可以实现互联网客户端、WAP 站点、RSS 订阅源、微信公众号、官方微博、移动应用等多种智慧图书馆知识服务交互平台的数据共享、信息交换与系统集成，进一步拓展了互联情境的易用边界。

另一方面，智慧图书馆知识服务平台需要快速准确地获取用户空间位置信息，突破时空的限制，实现空间再造。为此，智慧图书馆可以利用红外感应器、全球定位系统、RFID 技术、激光扫描器等先进的信息传感设备，进一步强化知识服务平台的粘附性、交互性，实时获取用户状态信息。此外，依托安卓、iOS 等主流操作系统的知识服务互联设备，可以进一步拓宽智慧图书馆知识服务的覆盖范围，促进交互深度，实现文字、图像以及交互式控件等多种形式资源的流转与交互，显著提升了用户体验，拓展了物理设备功能边界的易用范畴。

2. 资源情境功能有用性延伸优化路径

智慧图书馆在知识服务过程中应注重资源情境功能的有用性。智慧图书馆资源利用率低反映出用户参与度的不足，这不仅降低了用户的满意度，更为智慧图书馆知识服务的全面铺开与深化发展设置了重重障碍。在此背景下，智慧图书馆需要加强知识服务资源建设，提高资源建设和资源再造的有用性。资源建设的有用性，是指智慧图书馆知识服务中资源具有的独特性、创新性、可信度与完备性。智慧图书馆在信息资源的采购环节加强监管机制，确保资源更新速度的同时，维护第一手资料的原始性与真实性，以此为基础进行资源建设，完善资源建设有用性功能延伸路径，实现智慧图书馆知识服务延伸目标。资源再造的有用性以元数据化、语义化、情境化，以及知识化为衡量标准。为达成这些标准，需从语义化信息描述的精细化、内容的聚类分析、整合优化、关联挖掘、归拢整理以及可视化技术的创新应用等多个层面出发，精心规划功能延伸的实施路径。

提高智慧图书馆资源情境的有用性，需要从资源建设和资源再造两方面入手。一方面，是资源建设情境的有用性延伸路径。如果智慧图书馆资源建设不够全面或是新颖，那么就会影响用户接受智慧图书馆知识服务的意愿。因此，智慧图书馆需要不断更新资源，丰富资源库，使馆藏资源更加全面，更具有创新性、吸引力，帮助用户紧跟知识前沿。同时，智慧图书馆应从客观视角出发，确保资源的权威性、可靠性、精确性，为此，智慧图书馆应严格筛选第一手资料，并通过甄别、考证、评估资料来源，确保资源质量与专业需求的高度契合。此外，智慧图书馆应建立专题数据库，强化智慧图书馆知识服务交互信息的独特性、精确性和实用性。另一方面，是资源再造情境的有用性延伸路径。通常，用户的信息检索行为、数据分析需求、知识应用实践、个性化推荐服务的实现，均依赖于资源的再造过程。资源再造包括元数据化的归并整合与语义层面的关联构建，侧重通过创建情境化资源库来推动信息向知识转化，并实现可视化表达。具体而言，资源再造过程可借助可视化技术手段与聚类算法，对资源内容进行系统性的整合与优化，确保再造后的资源既符合精细化的标准，又能满足用户个性化需求。通过加强信息之间的关联性分析与语义强化策略，可以更有效地挖掘并展现信息资源的内在知识价值。对资源再造后的可视化呈现，能够显著提升资源利用的便捷性和有效性，从而促成资源情境服务功能的延伸。

3. 服务情境激励性延伸优化路径

智慧图书馆的知识服务平台系统能识别特定情境下的用户需求并推送相应资源，这使智慧图书馆能够朝着多元化、层次化、个性化和精准化的服务目标迈进。然而，智慧图书馆在实现这些目标的过程中，必须重视人机交互服务情境的适配性与激励性。首先，要做到知识服务流程的标准化，这主要体现在知识服务的稳定性、标准性、可移植性以及可整合性等方面。其次，要做到知识服务内容的个性化，这主要体现在知识服务的适时适量性、友好性、便捷性、有效性、安全性以及适应性等方面。因此，智慧图书馆应从服务流程的标准化和服务内容的个性化两个角度，探索智慧图书馆服务情境激励性延伸优化的路径，提升智慧图书馆在多种情境下提供交互服务的适配性。

在探索服务流程标准化的适配与激励延伸路径时，智慧图书馆必须结合服务平台系统的技术架构与服务流程规范进行考虑。着重评估服务流程的标准规范性、服务平台的稳定安全性与用户友好度，以及服务模块化移植的可行性与数据资源整合的支持度。在服务流程的执行中，智慧图书馆服务平台展现出高度的可扩展性与可优化性，这些特性融合了人性化设计理念，旨在降低用户的时间与精力成本。智慧图书馆服务平台系统通过提升服务内容的丰富性、服务水平及层次，使用户能够自由调度与使用资源，并确保资源内容的及时更新与采购策略的有效实施。此外，智慧图书馆服务平台系统还需建立容错机制。容错机制使智慧图书馆服务平台系统能够有效预防用户操作失误导致的无反馈、死机或崩溃等问题，进而在错误发生时减少损失，允许用户回退至最近的正确步骤，确保系统运行的稳定性。在数据资源整合方面，由于智慧图书馆数据资源的快速增长，需有效组织资源，运用数据挖掘、聚类融合等技术手段，发掘知识价值，提升服务系统的整合能力。

在探索服务内容个性化的适配与激励延伸路径时，智慧图书馆需要关注服务内容与用户个体需求的适配，主要体现为用户界面的友好性，交互操作的可行性，以及服务内容的适时性、适量性与多样性。个性化适配可以满足用户的个性化需求，还可以通过正向激励机制促进用户持续使用，从而增强用户黏性。智慧图书馆知识服务的延伸，应着重实现知识服务的适时适量响应、协调共创、适用性与有效性。其中，适时适量响应是指智慧图书馆能够迅速且合理地满足用户的个性化需求；协调共创是指智慧图书馆支持用户之间进行信息共享与利用，促进知识的共创与增值；适用性体现在智慧图书馆服务系统须具备自我升级与扩展的能力，以便灵活应对用户需求的持续变化，以及环境条件的动态调整；有效性体现在智慧图书馆为缩小用户期望与实际体验之间的差距而实施的智慧推荐服务上。该服务通过追踪并分析用户的行为偏好与习惯喜好等数据，基于数据分析的结果，精准地推送预测信息，从而提升用户信息获取的有效性与准确性。

## 第二节　智慧图书馆知识服务延伸的资源情境

### 一、智慧图书馆资源情境的特征

智慧图书馆提供的知识服务是以资源情境为基础的，其中包括资源建设情境与资源再造情境两大内容。资源建设情境注重资源的初始构建与积累，而资源再造情境注重资源的优化与再创新。在大数据的广泛影响下，用户的知识创新、技术创新及管理创新均呈现新的发展态势。特别是随着科研第四范式的兴起，知识网络与协同创新成为信息的主要来源。这些新兴趋势指引着创新 2.0 模式下知识创新的方向，也成为推动智慧图书馆知识服务进一步延伸的重要情境因素。相较于创新 2.0 模式，图书馆知识服务模式已迈入 4.0 模式时代。在此背景下，用户的知识创造活动展现出协同创新的鲜明特征。智慧图书馆知识服务延伸，旨在为智慧服务与协同创新活动提供坚实的资源保障和高效的平台支持。

在资源建设情境方面，智慧图书馆知识服务延伸需打破传统标准与类型要求，实现数据资源的多样化，涵盖网络资源、移动视觉搜索（MVS）数据、高性能计算（HPC）资源等。而这又对智慧图书馆资源建设情境的组织机制提出了新的要求。为此，智慧图书馆需要升级存储设备和网络设备等，同时优化资源组织平台的融合性能与云计算框架，以适应新型资源形态与占比的变化。

资源再造情境建构是智慧图书馆知识服务延伸的重要路径。智慧图书馆要建立和完善资源机构库、智库、学科库、知识库，以及三次文献库等特色专题库，形成独特的资源体系，使知识服务推荐信息更具特色、更加精准。在智慧图书馆知识服务延伸的背景下，资源再造情境建构需要依托语义关联与情境建构技术，整合多种资源库、语义标签库和用户行为模型库，制定高效的推荐策略，构建具备专业水准的新知识产品库。

## 二、智慧图书馆资源情境的构成

### （一）资源建设情境

资源建设情境强调基础资源的优化配置与情境化建设。基础资源涵盖了实体文献资源与虚拟电子资源两大范畴，既包括现有馆藏资源，也涉及自建、采购和租赁的可获取的文献数据资源。在此情境中，资源建设不仅关注资源本身的积累，更重视数据资源的整合与资源组织机制的构建。

相较于传统服务模式下的数据资源，智慧图书馆知识服务在资源建设情境方面呈现出显著的创新性。智慧图书馆的数据资源包括虚拟资源、深度学习框架、高性能计算（HPC）资源及集成工具箱等。其中，虚拟化技术的应用尤为关键，它通过对资源的精细化加工与处理，形成了可融合应用的虚拟资源，满足了用户公开浏览与个性化获取的需求，提升了资源管理的灵活性与便捷性。科研第四范式的出现和高性能计算硬件的发展，使大规模训练数据在科研实验室与图书馆中的应用成为可能。分布式系统基础架构（Hadoop）作为强大的技术支撑，能够协同组织虚拟资源，并通过搭建具备高性能的计算平台，为智慧图书馆的知识服务提供保障。计算平台具有负载均衡的特点，能够对云服务器的流量进行高效分发。另外，云计算具有的高并发处理能力，也能够支持智慧图书馆获取、组织和存储最新的信息资源。深度学习框架在智慧图书馆知识服务中的应用同样不可小觑，能够为图像描述、特征提取及处理等提供技术支持，提升知识服务的智能化与精准化水平。

### （二）资源再造情境

智慧图书馆资源再造情境，其核心在于对既有数据信息资源进行深度关联、精细重组、定制加工，并完善规范制定策略和处理机制。这一过程旨在提升既有数据信息资源的内在价值。资源再造应围绕元数据化、语义化、情境化和知识化展开描述、聚类整合、关联归拢和可视化技术应用，实现智慧图书馆知识服务的延伸。智慧图书馆应将各类数字资源（如文字、图像、视频等）作为资源再造的主要目标，在此过程中，可以借助特征化标注、情境设计以及关联算法等手段，重新挖掘并定义这些信息资源。

在智慧图书馆知识服务过程中，用户的个性化情境信息（如性别、年龄、学历等）是分析用户行为模式的重要依据，能使智慧图书馆提供更加精准、个性化的推荐服务，满足用户的多样化需求。

资源再造情境在智慧图书馆知识服务过程中发挥着重要的作用。通过对内容进行碎片化重组、元数据化归拢、语义化关联，智慧图书馆能够构建情境化资源库，实现信息的知识化和可视化。这一过程既是资源价值增值的重要途径，也是提升资源利用效率和服务质量的关键所在。另外，可视化技术与聚类算法的应用确保了资源情境的精准化、个性化重组；信息关联与语义强化的应用，进一步提升了信息资源的知识价值；资源情境的可视化，使资源利用的有用性得到了显著提升，实现了资源情境服务功能的全面延伸。

## 三、智慧图书馆资源情境建构的背景

智慧图书馆提供的知识服务，主要由数据、文献和电子资源等构成。智慧图书馆应向用户提供个性化的、深层次的知识服务，确保资源内容能够精准匹配用户情境，体现学科系统性。智慧图书馆要借助现代技术手段来完成资源的检索和传递，满足用户在个性化情境下需要的资源类型。如今，智慧图书馆在获取信息资源方面展现出更强的开放性，对虚实融合型信息资源的特色化需求日益凸显。因此，智慧图书馆需要注重资源情境建构在知识服务绩效评价中的重要作用，强化资源情境建构的情境关联性。

观察智慧图书馆在资源情境建构方面的演进趋势，我们可以发现显著的变化。首先，在资源掌控模式上，智慧图书馆正逐步从以自身为中心的资源持有者角色，转变为以用户实际需求为指引的资源动态获取者。这一转变体现了以用户为核心的服务理念在智慧图书馆实践中的深入贯彻。其次，在资源形态构成上，智慧图书馆正经历从纸质资源单一主导，向纸质资源与电子资源科学结合、空间资源重构与人员职能重塑并重的多元化转型。这种转型不仅丰富了资源形态，也提升了资源利用的效率与灵活性。最后，相较于传统资源形态，智慧图书馆在资源配置上更加重视对学习共享空间与科研创新空间的建设，这些新型空间的建设旨在为用户提供更加开放、协作与创新的学习与研究环境。值得注意的是，学习空间作为一种新兴资源类型，在智慧图书馆中的地位越来越高。这一变化意味着，除了提供传统的信息资源，智慧图书馆还要打造一个集学习、交流与创新于一体的综合性知识服务平台。在此背景下，馆员的专业素养与服务能力，作为智慧图书馆服务资源的关键组成部分，其重要性愈发凸显，成为衡量智慧图书馆服务品质的重要指标之一。

## 四、智慧图书馆资源情境建构目标

### （一）重视需求在资源配置中的决定性作用

当前，大多数图书馆都已完成了数字化转型。例如，图书馆实体图书的借阅频次与入馆人流均呈现出逐年递减的趋势；与此同时，图书馆电子图书的访问量与利用率却持续攀升，特别是电子教学参考资料与多媒体资源的利用率更是达到了前所未有的高度。这一变化深刻反映了用户行为与需求的新特点，推动了图书馆在资源配置与服务模式上的变革，从而精准地满足了用户的资源需求。

资源情境是影响用户使用意愿的重要因素。为实现用户需求在资源配置中的导向作用，智慧图书馆必须加强资源情境建构，使其更加新颖和全面，提高用户的使用意愿，进一步释放知识服务的活力。另外，智慧图书馆还应完善基于用户导向的资源情境构建评价机制，优化基础性资源供给结构。在资源配置的基础层面，智慧图书馆要重视用户需求在资源配置中的决定性作用，在资源情境、资源类型、建设标准、评价机制等方面，均以用户需求为导向进行结构性调整。

### （二）完善形式多样的资源情境建设制度

新兴信息技术的蓬勃发展，使用户获取信息、利用资源和创造知识的方式发生了深刻变革。当前，用户对于知识内容的需求日益增强，超越了对文献本身的依赖，资源形态由以纸质资源为主转变为以数字资源为主，实现了从文献信息向数据知识的转变。根据这一特点，智慧图书馆应该采取差异化的策略，即适当压缩纸质资源的经费投入力度，加大对电子资源的经费投入力度。同时，智慧图书馆要采取多元化的采购策略，由资源“拥有”向资源“获取”转变，这既包括直接的资源购买，也包括灵活的资源租用。智慧图书馆要提高网络课程、虚拟实验、教学模拟演示等学习资源的地位。智慧图书馆应实现信息资源的开放和共享，并且要从更广泛的互助合作角度出发，构建资源情境的共建共享体系，从而提升资源的利用效率，促进知识的广泛传播与深入应用。

图书馆在数字化转型的道路上，应紧跟时代步伐，深刻洞察用户需求的变化，不断优化资源配置与服务模式，以适应新时代的发展要求。推动资源情境化评价成为资源情境建设决策的关键支撑。在资源情境特征、类型划分、采购策略、经费配置以及共享模式等多个层面，智慧图书馆需要实施多元化策略以促进结构性调整。

### （三）实现资源的优化配置与情境再生

资源的优化配置与情境再生，是指从知识服务情境视角出发，对图书馆信息资源进行知识域的情景化构建。这一过程涉及对各学科领域与专题知识集合（包括碎片化信息、数据集、文献资料等）进行聚类与划分，为用户提供个性化的情境化服务。

智慧图书馆应该运用数据挖掘技术，从数据采集源头挖掘数据信息资源（如各类业务资源、静态聚合资源及动态趋势数据等），并根据精准化、全面化、个性化和情境化的原则，对数据信息资源进行精细加工，确保碎片化的数据信息资源能够实现语义关联与整合，提高资源情境建构的实用性和有效性。在此基础上，智慧图书馆应该实现资源内容与资源结构的情境化重组，遵循情境化重组的标准，提高用户知识探索的兴趣，实现更有意义的资源情境建构，优化用户对智慧图书馆知识服务资源情境的体验。

智慧图书馆知识服务的资源情境化关联，是满足用户探索、创造知识需要的保障。智慧图书馆需要深度挖掘数据资源，并据此建立主题化语义关联，实施专题化聚类，为智慧图书馆知识服务情境建构提供保障。智慧图书馆资源情境建构应体现可视化和可识别特征，据此可以利用更加直观的呈现形式（如表格、图形、知识图谱等），使用户能以可视化的方式利用资源，提升资源情境再造与重组的实用性能。

## 五、智慧图书馆资源情境建构模型

### （一）资源情境建构方法概述

1. 基于协同过滤的情境感知推荐技术

当两个及以上的用户在相同时间获取同一信息资源（如碎片化信息、专业知识或学术文献），表明这些用户对该信息资源呈现出相似的兴趣和接受意愿。据此，可界定这些用户是弱相似用户群体，而该信息资源则是连接弱相似用户群体的关联信息资源。当目标用户在获取不同信息资源时均能识别出具有弱相似性的用户群体，那么，可将这些弱相似用户群体共同接收的信息资源整合至推荐集中。进一步地，针对目标用户所关联的所有信息资源，逐一识别具有弱相似性的用户及其对应的信息资源，并将这些信息资源同样整合至推荐集中。随后，根据相似算法，对推荐集中所包含的信息资源进行排序，确保这些资源与目标用户的关联信息资源具有高度相似性。

传统的协同过滤方法会受到情境因素的影响，因此，有学者认为，应在用户资源评分矩阵中融入情境信息，进而利用矩阵分解方法进行协同过滤。此外，还有学者认为，应利用协同过滤算法，或是将关联系数、情境信息等融入协同过滤框架。综上所述，将情境信息整合至用户相似性评估、资源相似性分析以及模型计算过程中的情境感知推荐技术，能够有效提升信息资源推荐的精确度，并挖掘用户的潜在兴趣。

2. 基于内容的情境感知推荐技术

传统内容推荐算法的核心在于通过显式或隐式途径获取用户兴趣信息，进而得出用户兴趣与待推荐资源之间的相似程度，最终目的是实现信息资源的个性化推荐。基于内容的情境感知推荐技术，用户兴趣信息获取的过程会深入考虑用户在不同情境下对不同资源的兴趣偏好，旨在推荐与用户当前情境最为匹配的资源。有学者通过贝叶斯网络预测用户当前情境与待推荐资源的关联概率，以实施个性化推荐；另有学者采用的是基于地理位置的移动个性化推荐算法；还有学者根据性别、年龄、情绪、噪声、时间等情境信息进行个性化推荐。

3. 混合式情境感知推荐技术

为解决单一推荐方法存在的局限，一些研究者整合了多种推荐策略，如混合展示、加权处理、顺序串联、组合应用等。部分研究者将基于内容的推荐与基于知识过滤的情境感知相结合，在综合考虑用户的终端能力、网络状况、地理位置以及活动状态等多重因素后，为移动用户提供了个性化的多媒体信息推荐服务。此外，还有研究者将基于知识、基于内容以及基于协同过滤的情境感知推荐方法相融合，实现混合式情境感知推荐。

### （二）“用户—情境—资源”概念模型

智慧图书馆资源情境建构分为三个阶段：资源建设阶段；资源再造情境阶段；资源利用阶段。其中，资源再造情境阶段是指构建“用户—情境—资源”模型，该模型融合了位置、时间、设备、网络等情境信息，进一步提高了资源的深度层次与知识的价值。该模型将用户、情境与资源紧密联系起来，并面向具有不同情境需求与兴趣偏好的用户提供精准的信息资源推荐服务，反映了智慧图书馆信息资源个性化推荐的研究方向。

“用户—情境—资源”模型，分别包含两组关联：用户和情境的关联；情境和资源的关联。从这两组关联也可以看出，情境有效连接了资源和用户，促进了智慧图书馆资源再造过程的实现。通过三个阶段逐层深入地挖掘与分析，该模型强化了用户之间、资源之间的关联，即从弱连接向强连接转变，还通过资源再造情境，生成了服务于用户个性化推荐的信息资源集合。

针对现有资源再造系统对情境因素考虑不足的问题，该模型创新性地融合了数据整合与处理技术、语义深度挖掘及关联规则技术，提出了一种基于情境感知的资源再造算法。该算法在综合考虑用户当前情境信息与个人偏好的基础上，结合内容过滤技术，实现了对用户所处情境下的信息资源精准推送。具体而言，该算法在推荐过程中，捕捉并分析用户当前的具体情境信息，随后将其与具有弱相似性用户的偏好数据或历史情境信息进行智能匹配，从而生成与用户当前情境契合的信息资源推荐列表。

## 六、智慧图书馆资源情境建构策略

### （一）建立全面揭示资源内容的情境本体架构

采用本体论方法对实体进行情境建模，是实现情境感知推荐的有效策略之一。通过这种方法，智慧图书馆能够进一步提升推荐的精准度与个性化水平，确保所推荐的信息资源与用户的兴趣偏好相匹配，完美融入用户情境。在众多应用领域，基于本体的情境感知模型已经有比较成熟的应用，特别是在普适计算领域，基于万维网本体语言（Web Ontology Language）编码的情境本体模型已成功融入其中并发挥作用。本体的应用不仅拓宽了情境感知领域的知识获取渠道，还为应用系统的自适应决策提供了有力支持。

在智慧图书馆资源情境感知推荐系统中，为了精确描述情境实体，我们需要定义情境实体。一般而言，情境实体可通过三元组变量（实体、属性、值）进行形式化描述。此外，我们还需扩展一系列可以被广泛接受的情境类别，包括用户类、环境空间类、资源类、互联终端类、服务类、技术类等。用户类主要描述用户特征，如性别、年龄、能力、教育背景、社会关系等。环境空间类主要描述位置信息、场所特征、时间因素等。互联终端类主要描述设备品牌、内存容量、操作系统等。资源类主要描述专业领域、专题分类、关键词标签、语种类等。

智慧图书馆情境感知中间件在描述实体情境时，需要借助一系列属性来实现。该中间件所定义的情境类涵盖了大多数常见的情境实体及其属性，并且所得的属性值能以数据类型值的形式进行转换和处理。通过精确获取情境变量的属性值，我们得以实现情境的解释、推理、决策辅助等高级功能。智慧图书馆要完善用于反映资源内容的情境本体架构，以便能够及时发现情境信息、资源内容和服务系统之间的潜在匹配关系，从而推动知识服务的延伸。

### （二）实现“用户—情境—资源”的价值增值模式

智慧图书馆可以将情境信息（如位置、时间、设备等）融入“用户—情境—资源”模型，从而丰富资源属性的描述，构成信息资源组织的新范式。提高信息资源的知识密集度，展现资源情境化的再造形式，是资源价值增值、资源利用效率提高的具体表现。“用户—情境—资源”模型是根据用户所处的实时情境与个人兴趣，为其推荐相匹配的信息资源，确保用户的信息需求与其特定情境高度相符，这既是智慧图书馆知识服务延伸的内在要求，也是智慧图书馆实施精确化推荐服务的路径。

信息资源的价值增值，应考虑影响资源再造的情境因素，明确用户、情境、资源这三者之间的关系，据此提出以情境感知为主的资源再造算法。该算法融合了情境信息与内容过滤技术，能够向用户精准推送个性化的情境信息，使信息资源利用更加完整全面。这一过程充分利用了资源情境信息，激活了以往未被充分利用的资源价值，有效挖掘并放大了资源的利用潜力，实现了资源价值的最大化。

**（三）构建多维情境知识关联的新型资源网络**

智慧图书馆的信息资源涵盖不同载体形式、语言种类、学科领域和来源渠道，这些信息资源在多个学科领域得到了应用。想要充分利用这些信息资源，就要构建多维情境，找出信息资源之间的知识关联。如果信息资源之间存在相当复杂的语义关系，那么就表明信息资源之间存在较强的关联性和相似度，并且具有较好的聚合效果。智慧图书馆可以从不同层次和多个视角来深度挖掘信息资源，并按照专题的形式进行聚类，探究不同主题的信息资源之间的语义关联，促进信息资源之间的有机联系和多维度应用，进而提升信息资源的知识价值。

智慧图书馆在知识服务过程中想要实现资源情境建构，需要对资源情境进行多维揭示与关联聚合，使资源情境建构呈现出有序化和可视化特征。在深入探索资源所蕴含知识的多维情境基础上，将情境信息作为资源本体中的组成部分进行系统性建构。

以资源内容为关联的多维情境建构，强调从用户视角出发，重视用户对知识资源价值的认知与认同，使信息结构化描述与内容属性相匹配。智慧图书馆需对具有语义关联的信息资源进行聚类，并对再生资源情境进行整合与创新，进而为用户提供一个结构性更强、情境更加丰富的知识网络，其中就包括对信息资源客观属性的详尽揭示，如信息资源的独特性、创新性、可靠性和全面性，以及信息资源之间的逻辑关系（包含、并列、属分等）、引证关系（被引、共被引、引文耦合），还有隐性知识中的潜在关联性。通过这些手段，实现资源情境信息的多维度揭示与关联聚合。

### （四）增强资源情境利用的可视化与可理解性

在资源情境建构中，信息的呈现方式同样至关重要。智慧图书馆应利用可视化工具及相关技术手段，使资源情境利用更具可见性和可理解性。通常，如果资源情境能够直观呈现给用户，那么能提高用户的记忆效果，并优化直观感受，减轻用户的学习投入负担，有效提高用户对信息的利用效率，深化用户对信息的理解。揭示信息资源之间的语义关联，并对信息资源进行再造或重组，是增强资源情境利用可视化的主要方法。智慧图书馆可以利用可视化工具，揭示信息资源之间存在的关联，对文本信息进行层次化解析，并以可视化的形式展示文本信息，使其更容易被用户接受和理解。这一过程促进了信息在语义层面的关联化、可视化转换，实现了信息资源的情境聚合，为用户提供了多角度的视觉呈现，方便了用户在视觉层面全面把握资源情境。因此，为使资源情境利用更具有可视化和可理解性，需要智慧图书馆对信息资源进行深度分解和价值增值，从而提高信息资源的利用效率。

## 第三节　智慧图书馆知识服务延伸的互联情境

智慧图书馆知识服务延伸的基础是互联情境。互联情境主要包括技术情境和空间情境。其中，技术情境为智慧图书馆知识服务延伸提供了技术支撑，而空间情境则为智慧图书馆知识服务延伸提供了空间场所。智慧图书馆知识服务延伸要以建构互联情境为重点，将其作为扩大知识服务范围的支撑。互联情境为智慧图书馆实现数据服务、信息服务、知识服务等各项服务提供了技术、设施和空间支持。

### 一、智慧图书馆互联情境的分类

#### （一）智慧图书馆的技术情境

智慧图书馆的知识服务应依托不同技术情境展开，如人工智能、情境感知、云计算、语义网等技术，使各项数据实现语义关联，及时感知并满足用户的个性化需求，为用户提供个性化的情境信息服务，优化用户体验。作为普适计算赋能下的数字图书馆升级版，智慧图书馆的鲜明特征在于数字化与情境感知服务的深度融合。

智慧图书馆的技术情境，是指对传统图书馆的基础设施和技术手段进行优化升级，以符合智慧图书馆知识服务延伸的要求。由此可知，信息技术、信息基础设施及其信息化转型构成了智慧图书馆技术情境的要素。如今，图书馆信息化已成为图书馆发展的主要趋势，这一点可以从数字图书馆的涌现和发展得到印证。另外，在物联网、人工智能、云计算等新兴技术的加持下，图书馆的信息化发展水平实现了质的飞跃，数字图书馆开始向智慧图书馆转型。无论是数字图书馆还是智慧图书馆，本质上都是图书馆信息化发展的产物。数字图书馆的涌现，体现的是互联网、移动互联、虚拟仿真和 3S 技术（即 GIS 技术、GPS 技术和 RS 技术）等信息技术在图书馆中的广泛应用，从而催生了新的图书馆形态、图书馆结构和图书馆发展模式。智慧图书馆的涌现，体现了物联网、大数据、云计算等信息技术的广泛应用。

与传统图书馆和数字图书馆相比，智慧图书馆的信息基础设施和信息技术，均是对原有基础设施和技术的信息化升级。一方面，智慧图书馆融合应用了大数据、物联网、移动互联网和云计算等信息技术，在技术应用上要比传统图书馆和数字图书馆更具优越性。另一方面，智慧图书馆要求更高效和更安全的运行速率、响应速率、带宽容量和信息网络。除此之外，智慧图书馆的信息基础设施具备更强大的感知和协同作业效能，并且能够自动反馈来自用户的意见或建议。

### （二）智慧图书馆的空间情境

智慧图书馆空间情境，是指智慧图书馆开展服务活动的资源与场所，是物质空间和属性空间的融合与协同优化。智慧图书馆的物质空间情境，反映的是智慧图书馆中物质资源的流转形式和物质环境的表现形式，具体包括各类物质实体之间的组织方式、联结路径和交互行为，以及用户对物质资源和物质环境的处理方式，使智慧图书馆由物质空间向虚拟空间转变。智慧图书馆的属性空间情境，反映的是虚拟空间演进对物质空间重构的影响，如对物质空间结构布局、分布形态、功能特征等的影响。

智慧图书馆物质空间情境借助物联网等信息技术，让各类信息基础设施均具备智能化的感知能力和响应能力，并使各类信息基础设施由孤立分散走向互联互通，形成了包括智能电网和水网、智能文献资源检索、智能环境监测、智能知识库、智能应急响应系统等在内的智能应用系统。智慧图书馆的物质空间情境能够实时获取各类信息基础设施的状态，提高了对各类信息基础设施的调度效率、管理效能和利用价值。信息技术的应用，使网络虚拟空间呈现出新的发展态势。在物联网和移动通信等信息技术的加持下，用户可以在智慧图书馆空间情境中与各类信息资源实现跨时空交互，并且，智慧图书馆空间情境中的各类信息基础设施之间也可以实现自由交互连接，虚拟空间和实体空间之间实现了深度融合。

信息技术的蓬勃发展在一定程度上削弱了物理邻近性的传统优势。信息、资源和技术等要素的跨时空流动，导致传统图书馆的物质空间结构逐步瓦解，开启了智慧图书馆空间发展的新篇章。随着图书馆实体空间逐渐演变为虚实交融的“灰体空间”，其空间结构的变革趋势愈发鲜明。在这一转型过程中，智慧图书馆在满足用户基本需求的同时，还致力于优化阅读、体验及休闲等活动空间，使之更具人性化且富有创意。在这一背景下，不同功能空间的融合发展得以加强，智慧图书馆的功能布局日益朝着多元化和复合化的方向发展。空间功能的融合，已成为智慧图书馆未来发展的主要方向。

## 二、智慧图书馆互联情境的主要构成

### （一）智慧图书馆技术情境的主要构成

智慧图书馆作为现代信息技术深度赋能的新型知识服务空间，其技术情境的构建突破了传统图书馆的技术边界，形成了以智能交互、知识处理和泛在连接为核心的多元技术生态。除已有的信息基础设施、信息技术等维度，智慧图书馆的技术情境还可从智能感知终端、知识图谱应用、边缘计算协同等多个层面进行拓展分析。

1. 智能感知终端情境：构建全域数据采集网络

智能感知终端是智慧图书馆实现环境感知与用户行为捕捉的基础节点。在物理空间层面，物联网传感器构成了立体化的数据采集网络，如部署于书架的RFID（射频识别）传感器，可实时监测图书的借阅、归还与定位，自动更新馆藏状态；温湿度、光照传感器则能够根据环境变化智能调节馆内温湿度与照明，优化读者阅读体验。在用户行为感知方面，智能摄像头与步态识别技术相结合，可分析读者的活动轨迹与停留热点区域，为空间布局优化提供数据支撑。例如，通过分析读者在不同功能区的停留时长，动态调整阅览区、研讨区的资源配置。此外，可穿戴设备与智能终端的应用也拓展了感知边界，读者通过手机APP即可实现座位预约、图书检索、环境控制等功能，将个人设备转化为图书馆服务的延伸终端。

2. 知识图谱技术情境：重塑知识关联体系

知识图谱技术通过构建实体关系网络，打破传统图书馆数据的孤岛效应，实现知识的语义化关联与深度挖掘。在馆藏资源层面，知识图谱可整合图书、期刊、学位论文等异构数据，将文献中的人物、机构、事件、概念等实体进行结构化关联，形成可视化的知识网络。例如，当读者检索“人工智能”主题时，系统不仅呈现相关文献，还能展示该领域的学术谱系、关键研究节点与技术演进路径。此外，知识图谱与自然语言处理（NLP）技术的结合，可实现智能问答与知识推荐。当读者提出“元宇宙在图书馆的应用案例”等复杂问题时，系统可基于知识图谱解析语义，自动匹配并推送权威案例、研究报告及相关学术动态，将被动式资源提供转化为主动式知识服务。

3. 边缘计算协同情境：优化实时服务响应

边缘计算技术在智慧图书馆中的应用，有效缓解了云计算模式下数据传输延迟与网络拥塞的问题。通过在图书馆本地部署边缘计算节点，将门禁管理、设备控制、实时数据处理等业务下沉至边缘端，实现数据的本地化分析与快速响应。例如，读者通过人脸识别进入图书馆时，边缘计算设备可在毫秒级内完成身份验证与权限核查，无需将数据上传至云端。此外，在高峰期的座位预约系统中，边缘计算能够实时处理大量并发请求，动态分配座位资源并推送确认信息，避免因云端响应延迟导致的服务卡顿。边缘计算与云计算的协同架构，形成了“本地处理+云端存储”的混合模式，既保障了服务的即时性，又实现了数据的长期存储与深度分析。

4. 区块链技术情境：保障数据可信流通

区块链技术为智慧图书馆的数据安全与资源共享提供了新的解决方案。在版权保护领域，区块链的分布式账本特性可对数字资源的创作、授权、使用全流程进行存证，通过哈希值加密与时间戳技术确保版权归属的不可篡改。例如，图书馆购买的电子资源可通过区块链记录授权范围与使用轨迹，防止非法传播。在馆际互借与资源共享方面，区块链可构建去中心化的信任机制，不同图书馆之间通过智能合约自动执行资源交换规则，无需第三方机构背书。读者在跨馆借阅时，系统可基于区块链验证身份与权限，实现“一次认证，全网通行”，提升资源流通效率与安全性。

5. 虚拟现实与增强现实情境：创新知识呈现方式

虚拟现实（VR）与增强现实（AR）技术为智慧图书馆创造了沉浸式知识体验场景。在文化遗产保护与展示中，VR 技术可将古籍善本、历史手稿转化为三维虚拟展品，读者佩戴 VR 设备即可“翻阅”千年古籍，感受历史文化的厚重。AR 技术则可实现实体空间与数字信息的叠加，例如在图书馆展厅中，读者通过手机扫描特定展品，即可获取相关的音频讲解、高清图片与延伸阅读材料，增强展览的互动性与知识性。此外，VR/AR 技术还可应用于教育培训场景，通过模拟图书馆工作流程、文献检索实操等虚拟环境，帮助读者与馆员快速掌握专业技能。

6. 隐私计算情境：平衡数据利用与安全

随着图书馆数据采集的全面化，隐私计算技术成为保障用户权益的关键。联邦学习、差分隐私等技术可在不泄露原始数据的前提下实现多方数据协同分析。例如，多个图书馆可通过联邦学习联合训练读者行为预测模型，各馆仅传输加密的模型参数而非用户隐私数据，既提升了服务的精准度，又保护了读者的个人信息。此外，同态加密技术允许数据在加密状态下进行计算，图书馆可将加密后的借阅数据交由第三方机构分析，确保数据全生命周期的安全性。这种技术情境的构建，使图书馆在充分利用数据价值的同时，坚守用户隐私保护的底线。

智慧图书馆的技术情境是一个持续演进的生态系统，智能感知终端、知识图谱、边缘计算、区块链等技术的协同应用，不仅重塑了图书馆的服务模式，更推动其向主动化、个性化、沉浸式的知识服务空间转型。未来，随着新技术的不断涌现，智慧图书馆的技术情境将进一步拓展，为用户带来更高效、更智能、更安全的知识服务体验。

### （二）智慧图书馆空间情境的主要构成

智慧图书馆空间情境是一个动态且多元的复合系统，在信息技术驱动下，其构成要素超越传统图书馆的物理与虚拟边界，形成独特的生态体系。下面从空间载体、技术支撑、用户行为与服务模式等维度，阐述智慧图书馆空间情境的主要构成。

#### 1. 多维融合的空间载体

智慧图书馆的空间载体打破单一功能分区，构建起“学习—社交—创新”三位一体的复合空间。在学习空间方面，除传统阅读区外，增设研讨室、沉浸式学习舱等场景。研讨室配备智能交互大屏、无线投屏设备，支持多人实时协作与知识共创；沉浸式学习舱采用隔音材料与 VR 设备，可模拟历史场景或虚拟实验环境，满足用户个性化学习需求。社交空间则注重营造开放、互动氛围，如打造“咖啡书吧”“文化沙龙角”，用户可在此自由交流阅读心得、开展学术讨论，甚至组织创意活动。创新空间是智慧图书馆的特色，设有创客实验室、数字创作工坊，配备 3D 打印机、智能机器人套件、多媒体制作设备，鼓励用户将知识转化为创新成果，实现从知识获取到知识创造的转变。

#### 2. 智能驱动的技术体系

物联网、大数据、人工智能等技术构成智慧图书馆空间情境的核心驱动力。智能感知系统通过遍布馆内的传感器，实时采集环境数据（温湿度、光照强度）、设备状态、用户行为数据。例如，智能书架内置 RFID 芯片，可精准定位图书位置，记录借阅数据，生成个性化推荐书单；环境传感器根据实时数据自动调节空调、灯光，营造舒适阅读环境。大数据分析平台整合用户借阅记录、浏览行为、空间使用频率等数据，构建用户画像，挖掘潜在需求，为资源采购、空间布局优化提供依据。人工智能技术则深度融入服务流程，智能问答机器人 24 小时在线解答咨询，利用自然语言处理技术理解用户问题，精准推送答案；智能安防系统借助图像识别技术，实时监控异常行为，保障馆内安全。

3. 动态交互的用户行为模式

在智慧图书馆空间情境中，用户行为呈现出高度交互性与主动性。一方面，用户与空间的交互突破物理限制，通过移动终端可远程预约研讨室、续借图书、查询资源位置，甚至提前定制个性化学习空间（如设定灯光色温、背景音乐类型）。在馆内，用户能借助智能导览设备获取空间导航、展品讲解，参与AR寻宝等互动活动。另一方面，用户之间的社交互动更为频繁，通过图书馆官方App或社交平台组建阅读社群，分享读书笔记、发起共读活动；在实体空间中，跨学科、跨年龄的用户自发形成兴趣小组，开展主题研讨、技能培训，形成知识共享生态。此外，用户还能反向参与图书馆建设，通过在线反馈、投票等方式，对空间改造、资源采购提出建议，实现从“被动使用者”到“主动共建者”的角色转变。

4. 灵活适配的服务模式

智慧图书馆以用户需求为导向，构建灵活多变的服务模式。精准化服务借助大数据与人工智能，实现资源的智能推荐，如根据用户历史借阅记录与当前行为，推送相关图书、学术论文、数字资源；同时，为特殊群体（残障人士、老年读者）提供定制化服务，如语音导览、大字版资源、无障碍设施适配。沉浸式服务依托VR/AR技术，打造虚拟展览、文化体验项目，用户戴上设备即可“穿越”到敦煌莫高窟参观壁画、参与历史事件模拟，增强文化体验感。协同创新服务聚焦产学研合作，图书馆与高校、企业共建创新服务平台，提供专利查询、技术转移、项目孵化等服务，助力科研成果转化；还联合举办创新大赛、创业培训，激发社会创新活力。

5. 协同共生的文化生态

智慧图书馆空间情境孕育独特的文化生态。一方面，通过举办各类文化活动，如作家讲座、非遗体验、艺术展览，将图书馆打造为城市文化地标，吸引不同群体参与，传播多元文化。另一方面，鼓励用户创作与分享文化内容，如设立“读者创作展示区”，展示用户撰写的诗歌、绘画作品、手工制品；开放数字创作平台，支持用户制作短视频、音频节目、电子书，形成自生产、自传播的文化生态。此外，智慧图书馆还承担文化传承使命，利用数字化技术对地方文献、非遗技艺进行保护与传播，通过虚拟展厅、线上课程，让传统文化焕发新生。

智慧图书馆空间情境通过空间载体、技术体系、用户行为、服务模式与文化生态的协同发展，构建起一个智能、开放、互动的新型知识服务空间。这一空间不仅满足用户对知识获取的需求，更推动知识的创造、传播与文化的传承，为未来图书馆发展提供新范式。

## 三、智慧图书馆互联情境建构的背景

### （一）智慧图书馆知识服务技术情境面临的挑战

用户需求与信息技术分别是推动图书馆转型发展的内部和外部驱动力。在用户需求和信息技术的影响下，以印本馆藏和实体空间为核心的传统图书馆，逐渐向以数字化、网络化和知识服务为核心的智慧图书馆转型。在此过程中，大数据、云计算、物联网、语义组织、数据关联、智能分析、知识挖掘等新兴技术，日益成为智慧图书馆技术架构的关键支柱，并为构建智慧图书馆知识服务延伸的业务运作体系奠定了坚实的基础。

用户个性化需求与信息技术，使智慧图书馆正在面临服务需求与使用方式变革的挑战。为应对这一挑战，智慧图书馆应积极运用新技术，进一步优化资源配置，通过创新服务方式来满足图书馆用户个性化需求。当前，网络化服务已成为智慧图书馆服务的主流趋势，智慧图书馆知识服务的方式也趋于个性化和多样化。随着信息技术大规模应用于智慧图书馆知识服务，智慧图书馆所提供的知识服务内容更多的是依赖于数字化信息资源与网络平台，并融合数据库技术、信息推送机制、智能代理等先进信息服务手段，向用户提供多样化的线上服务，包括知识咨询、知识导航、知识评估等，为用户提供创新型知识产品。

智慧图书馆要想满足用户个性化需求，就应将实现知识服务延伸作为重要路径。智慧图书馆的知识服务延伸可以满足用户体验式学习与协作式研究的需求。然而，如果缺乏新技术的支持与应用，智慧图书馆在信息组织、管理协同、用户服务等方面同样会面临严峻的挑战，难以维持正常运作与持续发展。因此，在推动智慧图书馆知识服务延伸的过程中，智慧图书馆必须着力培育知识服务的新动能，强化新技术与新方法在智慧图书馆知识服务中的应用，以确保技术创新成为智慧图书馆知识服务延伸的核心驱动力。

### （二）智慧图书馆知识服务空间情境发展策略

智慧图书馆知识服务空间情境建构面临诸多挑战。为了迎面挑战，智慧图书馆应该协同推进数字与实体空间建设，既要优化场所环境，也要布局文化空间环境（如服务理念、文化氛围以及服务态度等）。智慧图书馆应将服务环境建设看作影响智慧图书馆知识服务质量的重要因素。为实现“最大化满足用户需求”的目标，智慧图书馆需主动适应时代变迁，科学规划并建立能够满足用户多元化、个性化需求的知识服务空间情境，如构建适应知识服务要求的馆舍设施、硬件设备与网络系统，以及融入智慧元素的知识服务空间情境等。

开放、安全、高效的网络与信息系统，是智慧图书馆知识服务空间情境建构不可或缺的基础设施与硬件环境。智慧图书馆知识服务空间情境应紧密贴合用户资源利用方式的变化及图书馆知识服务的发展需求，开发出集信息检索、资源推荐与咨询服务于一体的综合服务平台。该平台须具备处理异构数字资源的能力，结合用户的知识背景、研究兴趣与专业特征，精准推送学习与科研所需的信息、资源与知识产品。在充分依托资源与专业优势的基础上，智慧图书馆的知识服务应致力于满足用户的体验式学习与协作式科研需求，智慧图书馆可以通过建构创客空间、团体研修室、多媒体空间、虚拟咨询台、协同创新平台等设施，向用户提供个性化和多样化的知识服务，使用户可以充分利用这些设施进行在线虚拟互动，迸发创新灵感。

## 四、智慧图书馆知识服务延伸互联情境建构策略

智慧图书馆知识服务延伸互联情境是其区别于传统图书馆服务的关键。要实现智慧图书馆知识服务延伸互联，就需要关注物与物之间的互联、对用户位置的精确感知、服务边界跨越时空限制的能力、新兴信息技术的深度融合应用，以及空间功能重塑与效能提升等因素。

### （一）优化智慧图书馆互联设备服务的跨屏交叉融合情境

智慧图书馆知识服务交互平台，目前仍处于初步发展阶段。例如，微信、QQ、微博等社交平台，是智慧图书馆向用户提供知识服务的主要交互平台。而专业的知识服务交互平台，如超星学习通、云舟域空间知识服务系统等，尚未达

到广泛普及和应用的程度。由于智慧图书馆知识服务平台建设存在不足之处，智慧图书馆有必要从解决用户交互需求入手，构建知识服务延伸互联情境，充分利用微营销策略，推动微博、微信、微视频以及移动互联网客户端在智慧图书馆中的广泛普及和应用。

为了实现物品与互联网的深度连接，智慧图书馆应充分利用红外感应器、射频识别、激光扫描器、全球定位系统等先进的信息传感设备，这些设备具备的识别、追踪、定位、监控以及管理等功能，促进了信息的交互传播，使用户能够高效获取相关数据信息。之所以要优化或升级智慧图书馆知识服务延伸互联情境，是为了提高智慧图书馆知识服务交互平台的激励性和易用性。无论是在硬件层面，还是在软件层面，智慧图书馆的知识服务交互平台均需具备极快的响应速度和极高的终端反馈效率，以全面把握和精准捕捉用户实时信息需求。

智慧图书馆知识服务延伸互联情境是否具备易用性、是否灵敏，都会影响甚至决定智慧图书馆对用户信息行为的感知程度。因此，智慧图书馆有必要提升知识服务延伸设计效果。例如，在设备技术层面，智慧图书馆要想提高对用户信息行为的感知能力，就需要开放信息访问权限，扩大知识服务范围，并强化对互联情境的反应能力，使用户能够随时随地利用各种设备获得情境化知识服务体验。面对局域网内部信号弱的问题，智慧图书馆应在当下环境高效利用现有资源，采取中继技术作为处理策略。具体而言，通过对信号进行放大，扩大网络的物理覆盖范围，延长网络的有效传输距离。这一做法的核心价值在于，它极大地拓宽了基于互联情境的智慧图书馆知识服务的范围。

### （二）关联智慧图书馆信息技术服务的应用情境

在实施创新驱动发展战略、推动技术方法创新的背景下，智慧图书馆知识服务互联情境平台的技术基础亟待升级。智慧图书馆知识服务互联情境平台应加大对互联设备的技术支持，确保该平台适用于手机、PC 端、平板电脑等各类终端设备，使用户在任何设备上都能无障碍地使用智慧图书馆的各项功能。这一过程需要确保智慧图书馆知识服务互联情境平台的接入设备和各项功能具备易用性、便捷性及可用性特征。

智慧图书馆的知识服务延伸依赖于信息技术情境的支持，其能有效改变信息技术的组织方式，从而方便用户使用智慧图书馆知识服务。用户也可通过多样化的存储形式（如云存储、网络存储等）来存储获取的资源。同时，线上与线下延伸服务的实现，也使用户能够与知识服务情境进行交互。

智慧服务技术情境能够直接与用户交互，并完成一站式智慧导航、智能检索与匹配、知识可视化等服务。一站式智慧导航功能的实现依赖于对用户及其与平台交互行为的深入分析，以此获取用户的个性化信息需求。用户可以利用智慧图书馆提供的智能检索与匹配服务来进行语义查找，获得更加精准的信息导航与推荐服务。智慧图书馆知识服务交互则依赖于智能终端系统，运用数据技术和编码技术等，实时获得来自用户行为数据的反馈，并对其进行编码，通过二次关联和数据集的动态存储实现平台的动态反馈。智慧图书馆提供的知识可视化服务，其最大特点是利用图表来表现知识，并将知识图谱作为反映学科之间、领域之间和专题资源之间相关性的形式，由此表现出的知识更加直观和易于理解，提高了用户的学习记忆能力。

智慧图书馆的技术情境服务，使智慧图书馆的服务方式及内容发生了变化，并且提高了知识创造在知识链（获取、组织、开发、运用）中的重要性。智慧图书馆的知识服务平台，包含文字、声音、动画、网页等多种呈现形式。在推动用户与知识服务交互虚拟化发展的进程中，智慧图书馆采用了图书、电子期刊、报纸、网站在内的多种载体形态。基于社交本地移动（SoLoMo）理念的服务模式，智慧图书馆整合了地理位置、服务场景、移动设备状态等情境信息，并将这些情境信息融入知识服务内容中。智慧图书馆的技术情境了多模态的信息资源，因此，需要运用多模态融合技术来整合这些信息资源，然后以可视化的方式进行传播。此外，智慧图书馆可以运用移动增强现实技术识别知识服务对象，并通过关联计算来得到虚拟信息，最后将虚拟信息以叠加的方式用于现实情境，实现虚拟信息对现实世界的“增强”效果。

传统知识服务侧重融合文献组织、检索和计量等技术，而智慧图书馆知识服务则注重运用数据处理技术。信息技术的快速发展促使图书馆从纸质时代迈入数字时代，实现了从以印刷品为主导，到印刷品与数字资源协同发展，再到未来以数字资源为主体的转变。技术的革新使服务模式和服务范围都发生了显著变化。信息技术丰富了智慧图书馆的信息共享渠道和虚拟服务空间，互联终端设备延伸了知识共享空间服务范围，产生了海量的数字资源。射频识别、物联网、云计算等技术，为智慧图书馆构建智能空间服务体系提供了可能。从手工操作到电脑辅助，再到智能化操作，使图书馆服务不断升级和优化，这正是技术进步在图书馆领域应用的生动体现。

### （三）构建智慧图书馆空间结构颠覆性再造的创新型服务情境

构建创新型服务环境，需要有效协调各类资源投入并推动空间再造，发挥智慧图书馆中空间要素助推服务转型的作用，使智慧图书馆成为现代社会不可或缺的知识服务平台。“空间”作为图书馆的传统优势，其独特性在于可以营造出浓郁书香氛围。近年来，图书馆的管理者和研究者对空间要素产生了新的认知，并对图书馆的空间功能进行了定位，空间环境也成为图书馆的新型资源。

空间再造为提升图书馆空间服务效能提供了保障。基于此，智慧图书馆应该加快创建创客空间，借助空间优化促进创新活动的发生与发展。随着图书馆空间的转型升级，信息共享空间、知识空间和智能空间得以构建，这些空间进一步激发了创客的灵感，促进了创意灵感向现实的转化。用户在这些空间中能够亲身体验知识转化为实物的过程，满足其对价值追求、教育理念及审美情趣的需求，为在全社会构建创新智造的良好氛围奠定了基础。智慧图书馆需要充分利用馆员的隐性知识与技能优势，为用户提供舒适、丰富、互动的创新空间环境。在这一过程中，智慧图书馆需调整空间要素，实现空间优化，拓展服务功能，推动服务转型升级。

此外，我国政府部门需要投入一定的资金来保障智慧图书馆知识服务持续开展，并加快建设智慧图书馆的知识服务交互平台。智慧图书馆也要优化互联情境，为用户提供全面、广阔、高效的开放共享环境，及时捕捉用户利用情境，进一步促进智慧图书馆服务水平的提升。为了促进智慧图书馆构建具有独特性的知识服务平台，应采用激励措施以增强知识服务的多样性，加深其内涵，并推动知识服务创新活动的实施。

## 第四节　智慧图书馆知识服务延伸的服务情境

### 一、智慧图书馆服务情境的内涵与要素

智慧图书馆为用户获取、传播、共享和创新知识搭建了新型平台。智慧图书馆需要围绕用户需求来提供延伸服务情境，促进用户的个性化发展，推动智慧图书馆与用户、资源与服务、创新与协同的可持续发展。智慧图书馆的发展目标和服务理念，要求其必须提供良好的延伸服务情境。具体而言，智慧图书馆应该围绕用户这一核心主体，力求实现“用户智慧的再生产”。同时，将信息技术用于知识服务过程，实现网络社会形态与用户知识需求的协同发展。

为用户提供优质的信息服务环境和知识服务情境，是智慧图书馆最终的发展目标。其中，知识服务情境蕴含的个性化、层次化、多样化和精准化的特征，进一步强化了知识服务平台的基础支撑作用。智慧图书馆属于知识服务平台，其具备两种功能属性，一种是满足某一情境下的用户的个性化需求，另一种是根据用户的个性化需求来提供相应的知识服务，这体现了智慧图书馆的知识服务适配功能和激励功能。智慧图书馆必须构建具有标准流程和个性内容的知识服务情境，这样才能彰显其具备的上述两种功能。具有标准流程的知识服务情境是稳定的、标准的和可整合的；具有个性内容的知识服务情境是适量的、便捷的、安全的和具有适应性的。在此，我们可以将智慧图书馆的知识服务延伸分为标准化和个性化这两种服务情境。

研究智慧图书馆在运用信息技术构建服务情境而生成的内容和特点时，需要对智慧图书馆的知识服务进行划分，即数据服务、信息服务、知识服务和智慧服务。数据服务和信息服务属于标准流程的知识服务情境；知识服务和智慧服务则属于个性内容的知识服务情境。在当代信息通信技术广泛渗透的背景下，智慧图书馆的服务情境包括数据服务、信息服务、知识服务以及智慧服务等方面，其具有的运行方式和发展趋势，使用户获得了个性化发展的知识环境。

大数据技术、人工智能技术、互联网技术的发展，为用户提供了广泛互动和深度参与的社交网络平台，促进了知识共享和协同创造，使知识服务环境呈现出泛在化的特征。在各类知识服务实践活动中，基于用户社会身份或职业角色等多

重因素的影响，错综复杂的社会关系也由此产生。在这些社会关系的相互影响下，形成了广泛渗透于用户知识服务过程的社会关系网络。这一社会关系网络不仅深刻影响着知识服务的开展方式，还对知识服务进行了多维度的塑造与制约，成为推动知识共享、协同创造和生成智慧成果的源泉。智慧服务情境能够反映智慧图书馆服务模式的最新发展趋势，揭示网络社会时代背景下智慧图书馆知识服务变革的核心特征与发展导向。

## 二、智慧图书馆服务情境的构成

### （一）标准化情境

标准化情境涵盖了数据服务与信息服务两大核心内容。智慧图书馆知识服务情境中的标准流程，基于知识服务平台的技术特征和流程要素构建，重点解决知识服务流程的标准化和规划问题，确保知识服务平台的稳定性、安全性和友好性，赋予知识服务平台具备模块化移植和数据资源整合功能。

智慧图书馆提供的知识服务，包括信息检索与分析服务。它通过对各类异构数据进行深入分析与处理，为知识服务情境构建提供了数据保障。在构建智慧图书馆的知识服务情境时，我们必须充分考虑用户所花费的时间和精力，由此拓展智慧图书馆知识服务情境的范围，优化智慧图书馆知识服务性能，确保用户可以自由检索智慧图书馆的各项资源，减少用户使用智慧图书馆各项功能的约束限制。这一举措旨在全面提高智慧图书馆知识服务的水平和层次，使智慧图书馆提供的知识服务更加贴合用户的个性化需求。对智慧图书馆的知识服务流程进行规划，提高智慧图书馆知识服务平台的效能，可以有效增强智慧图书馆知识服务的稳定性，扩展其可操作空间。同时，通过优化组织情境数据资源并挖掘和整合各类知识资源，可以显著提高智慧图书馆知识服务平台的整合性能。

### （二）个性化情境

个性化情境涵盖了知识服务和智慧服务两方面的内容。激励性是智慧图书馆中知识服务个性化情境的主要特征，具体是指智慧图书馆提供的知识服务内容是否能够精确匹配用户的个性化需求，并对用户产生持续的激励效应，以提高智慧图书馆知识服务与用户之间的交互程度。智慧图书馆知识服务的个性化情境，有效适配用户的个性化需求，提供适时、适量、安全且具有针对性的知识服务，持续激励用户产生正向的使用行为。

与传统信息服务不同，智慧图书馆知识服务让用户获得现有的数据和文献等信息，体现了对用户个性化需求的精准理解和深度挖掘。这种服务模式广泛搜集并系统整合各类信息，经过细致筛选、严谨分析、精细加工、重新编码，转化为知识产品或定制方案。在此过程中，用户获得的是经过深度加工的三次文献产品，其能有效辅助用户做出更加明智的决策。那些能够直接向用户提供的知识产品，可以有效解决用户的实际问题，全面满足用户的个性化需求。

智慧图书馆智慧服务的实施运用了一系列先进的技术手段，包括语义分析、用户情境计算、ROI（Region Of Interest，感兴趣区域）定位、高效的知识服务搜索引擎。在语义分析环节，智慧图书馆会提取、分割、计算包括文本、多视图数据（MVS）和图像等多个数据资源，并对其进行分类管理，进而清晰描绘数据信息与知识语义的内在关联，利用语义标签进行精准标注，以便更好地理解和应用这些信息。用户情境计算是一个复杂且精细的过程，侧重于对用户行为情境的综合分析，通过构建详尽的用户情境模型，分析并预测用户的当前情境，据此得出用户潜在的需求。这一过程的最终目标是将情境分析的结果整合至智慧图书馆知识服务的各个环节，从而为用户提供更加贴心、个性化的服务体验。在图像处理方面，ROI 定位与信息提取技术发挥着至关重要的作用，通过精准定位图像中的关键区域，结合用户情境，智慧图书馆能够高效地抽取符合用户需求的目标与主题。这一过程缩小了信息搜索的范围，降低了计算的复杂程度，确保了 ROI 定位的准确性，进而为图像分类与识别的精确性提供了有力保障。

## 三、智慧图书馆知识服务延伸的服务情境建构策略

智慧图书馆知识服务延伸目标，是指由智慧图书馆服务情境交互产生的激励功能。在顶层设计方面，智慧图书馆应围绕激励方式、管理制度和队伍建设进行，改变知识服务理念，提高知识服务人员专业素养。智慧图书馆还应注重用户需求，为用户提供个性化的服务和多样化的设施。在满足用户需求的同时，智慧图书馆需要完善管理制度和激励机制，发挥知识服务人员的带头引导作用，注重提升用户的使用体验，提高用户的使用兴趣和使用意愿。

### （一）构建精准追踪用户个性化动态需求的自适应服务情境

物联网设备的数据互联功能，可以实时获取用户的个性化动态需求，解决反馈低效的问题，确保自适应服务的适时、适量，提高服务质量，让用户获得良好的个性化知识服务体验。此外，用户对知识服务的利用和共享，也能促进智慧图书馆进一步发现知识和创新知识，实现协调共创知识服务的目标。

智慧图书馆应构建自适应服务情境，拓展和提高自适应服务情境的适用范围和能力。具体来说，智慧图书馆可以精准追踪用户的个性化动态需求，以此来获取用户的使用兴趣和使用意愿，降低用户在感知和期望之间产生的落差感，优化知识服务的效果。智慧图书馆需要提前了解并预测用户的需求，然后根据得出的预测结果来向用户提供个性化知识服务，真正实现智慧服务的目标。

智慧图书馆的知识服务方式及方法，需要结合具体的知识服务情境来确定，并且需要结合用户的知识结构和个人兴趣，确定是否使用柔性策略。智慧图书馆先要全面了解用户的行为习惯，掌握用户的信息需求，并将获得的用户信息需求和认知预测结果加以记录，最后上传至数据库中，通过数据库向用户提供个性化的知识内容、知识主题等服务，确保知识服务情境更加科学合理。需要注意的是，智慧图书馆应该保护用户的个人隐私安全，通过完善用户隐私保护机制来提高知识服务的质量，使知识服务情境具备防护能力。智慧图书馆需要提前向用户发布隐私保护政策和声明，坚决杜绝恶意侵犯用户隐私的事件发生，并适时提醒用户注意个人隐私安全。

智慧图书馆在全面了解用户的行为习惯和信息需求后，要积极、有序地引导用户参与交互活动，实现对知识服务内容的精准推送。此过程要求智慧图书馆提前预测用户认知行为，通过重构资源情境和聚合用户社群，根据用户个性化需求来动态推送知识服务内容。此外，整合第三方数据源是辅助智慧图书馆全面了解用户个性化需求的关键，有助于及时解决用户反馈的问题。

智慧图书馆具备的智能阅读、智慧学习、社群互动、内容再生产以及自定义存储等功能，使知识资源实现了广泛传播、共享和应用，增强了知识服务平台的适用性。智慧图书馆应通过构建知识服务辅助体系，引导用户形成科学的信息预期，解决用户体验与信息资源推送不匹配的问题，激发用户主动利用智慧图书馆来搜集整理资源，提高智慧图书馆个性化服务水平。

### （二）发展具有核心竞争力的新型智慧服务专业人才

从宏观上，图书馆要明确智慧图书馆的功能及定位，并制定长远的发展规划；从微观上，图书馆需要优化内部业务流程，加大力度培养符合智慧图书馆知识服务要求的新型馆员，确保馆员具备专业能力、服务能力、适应能力、创新能力。实现由图书馆向智慧图书馆的转型，人员再造是不可或缺的措施。人员再造即开发图书馆专业服务人员的能力，使其具备满足用户需求的独特优势。在新型智慧服务标准下，智慧图书馆应全面提高专业服务人员的信息素养，使其能够熟练掌握并高效应用新型专业工具，充分发挥其知识与技能优势，打造一支专业化的用户服务团队，从而提高智慧图书馆的核心竞争力。

在人才队伍建设方面，智慧图书馆应注重规范人才引进机制，强化专业服务人员的组织学习能力，通过优化人才结构为智慧图书馆的发展注入强劲动力。人才要素是优化智慧图书馆知识服务和构建服务情境的关键要素。此外，人才要素能够调动用户的心理需求，充当调和馆员与用户之间关系的角色，有效提升智慧图书馆的管理质量。人才要素更是决定智慧图书馆知识服务范围及质量的关键要素。鉴于此，强化智慧图书馆的馆员队伍建设显得尤为迫切。

智慧图书馆要想提供以知识创新为主要内容的专业服务，就要做到以下两点：第一，扩充智慧图书馆馆员的专业知识，提高其技能素养；第二，为提高用户的信息素养做准备。然而，更为关键的是要注重馆员与用户之间的差异，也就是双方在知识技能方面的比较优势。智慧图书馆应向用户精准推送个性化信息，而这就要求智慧图书馆的馆员不断学习并应用新技术、新方法。智慧图书馆应该大力引进人才，组织馆员深入学习相关知识和技能，优化人才资源配置，完善图书馆管理机制，从根本上提高人才质量，激发并提升现有馆员的专业服务优势；完善人才评价与激励机制，确保人才的引进、培养、评价与激励在智慧图书馆工作实践中发挥实质性作用。

### （三）构建激励推进型的开放式创新管理机制

智慧图书馆构建用户管理激励机制，需要整合图书馆知识服务资源，并且对知识服务情境融合进行改善。而在此过程中，智慧图书馆的知识服务流程会更加标准，还会推出更多具有个性化的知识服务内容。对于智慧图书馆而言，其必须了解知识服务所蕴含的功能属性，以此实现知识服务情境构建。此外，智慧图书馆应紧密围绕用户的个性化需求，将平台功能属性与服务情境深度融合，从而推动管理激励机制的创新与平台的持续发展。

智慧图书馆的管理激励机制包括两方面，分别是对图书馆专业管理人员的激励机制和对用户平台使用行为的激励机制。在管理策略上，智慧图书馆应实现从资源管理向服务管理的根本性转变，而服务管理的核心在于人才管理，人才管理的核心在于通过有效的激励机制，充分发挥现有人力资源对知识服务延伸和知识服务情境构建的作用。

智慧图书馆的人才队伍建设不仅要注重人才的引进与配置，更要建立一套科学、合理的人才作用机制，充分信赖、激励并发挥人才的优势与特长。唯有如此，智慧图书馆的知识服务人才队伍才能真正满足用户对新型知识服务的需求，实现智慧图书馆服务质量的提升。智慧图书馆的知识服务要依赖馆员和团队的共同努力，以完成较为复杂的项目。因此，智慧图书馆需要激励馆员和团队，全面协调团队人员的构成，提高团队人员的协作能力和知识更新能力。

针对用户的个性化信息需求，智慧图书馆需要精准捕捉用户的信息需求点，掌握各服务阶段的信息使用情况，为构建知识服务情境做好准备。智慧图书馆的用户使用平台激励机制，应以用户使用平台的互联情境和资源情境为依托。就互联情境而言，智慧图书馆需要解决用户使用知识服务情境交互平台的技术问题，提高各种载体设备在知识服务情境交互平台上的易用性，确保用户在不同时空和不同媒介下都能使用知识服务情境交互平台。这要求智慧图书馆强化知识服务情境交互平台在媒体介质、终端系统，以及用户时空受限等方面的易用性，从而为用户提供更加流畅、高效的知识服务体验。智慧图书馆是知识与信息的聚集地，智慧图书馆的互联情境对信息资源采集与加工具有重要影响。因此，通过优化智慧图书馆互联情境，提升信息资源采集的精确性并深化其加工处理的层次，进而提升交互情境在个性化适配优化方面的综合能力，实现按需分配与定向推送等服务的精准化。

智慧图书馆应该整合互联情境和资源情境，实现服务内容的个性化、流程的标准化，构建知识服务延伸情境。智慧图书馆要利用智能化信息检索系统，运用大数据分析技术，深入挖掘用户需求，实现对信息资源的精准筛选与分类，从而为用户提供更加个性化的阅读推荐与知识服务。此外，智慧图书馆还需注重用户体验的提升。用户体验是评判图书馆服务质量的重要标准之一。因此，图书馆在优化信息资源采集与加工、提升个性化服务水平的同时，需要充分考虑用户的需求与感受，通过对资源、技术和服务等诸多要素的合理配置与整合，来营造更加舒适、便捷的知识服务情境。这不仅有助于提升用户对图书馆的满意度与忠诚度，还能进一步激发图书馆的创新活力与发展潜力。

# 第五章　智慧图书馆背景下的知识服务建设

本章为智慧图书馆背景下的知识服务建设，一共介绍了五个方面的内容，分别为优化知识服务资源、建设知识服务团队、完善知识服务环境、构建知识服务平台、创新知识服务模式。

## 第一节　优化知识服务资源

知识服务资源建设是提升图书馆知识服务能力、开展知识服务活动的基础，是图书馆维持其核心竞争力的前提，而知识服务是图书馆建设的目标。

### 一、丰富图书馆知识资源储备

大数据与信息化的快速发展，使图书馆用户对知识服务的需求更加多样化，这就需要图书馆拥有更加丰富的数据、信息和知识资源储备。因此，图书馆应建立合理的知识资源存储体系，丰富图书馆知识资源储备。

#### （一）建立合理的知识资源存储体系

图书馆知识资源主要包括传统资源和数字资源两种形式，而在信息技术快速发展的时代，由于电子文献具有较大存储量，且更新频率较高，获取方式更加便捷，使用户阅读偏好逐渐由纸质文献转向电子文献，对传统资源的需求量逐步下降。但与电子文献相比，传统文献仍具有强大的生命力，图书馆馆藏纸质文献是其多年累积的成果，可以展现出图书馆独特的发展历程和学科背景，具有不可替代性。因此，图书馆应兼顾传统资源和数字资源，合理规划知识资源分配比例，使其在数量与结构上能够良好搭配，从而建立科学的知识资源存储体系。一方面，图书馆可以针对使用频次较低或较难保存的纸质文献资源，采取分布式合作存储模式，将其扫描成电子文献，以节省馆藏空间，降低成本，便于知识资源的存储和调用；另一方面，对各类学科专业的知识资源进行收集，增加图书馆馆藏文献数量和知识资源库的拥有量，丰富图书馆知识资源储备。

### （二）加强图书馆特色知识资源库建设

各图书馆知识资源的存量不尽相同，为提升自身影响力和核心竞争力，需加强特色知识资源库建设，打造独特的学术与文化优势。一方面，部分文献资源在特定的研究领域中具有重要的导向作用和参考价值，图书馆在满足知识服务需求的同时，可以根据自身性质、研究方向与发展目标，加大对潜力高、权威性强、具有代表性和动态性的纸质资源及国内外优秀数据库的采购力度，提高馆藏资源质量；另一方面，图书馆可以借助网络技术、知识挖掘技术等先进的科学技术与方法，将本校师生、科研人员的学术成果与科研成果进行收集、存储与处理，建立本校特色知识资源库。

### （三）加快图书馆知识资源更新速度

在信息激增的时代，图书馆用户的知识需求量逐渐增多，知识需求面愈加广泛，为满足其日益增长的需求，图书馆需强化数字资源库建设，加快知识资源的更新速度，通过线上与线下多个渠道获取各类知识资源，满足用户个性化、多样化的知识需求。此外，图书馆知识服务人员在保证知识资源数量充足的同时，也需要对信息进行甄别，以筛选出符合图书馆需求的高质量资源，促进图书馆知识服务能力提升。

## 二、挖掘图书馆知识资源深层利用价值

传统检索方法只能获取图书馆内部馆藏知识资源中的显性知识，而图书馆馆藏知识资源不仅包括显性知识，还蕴藏着丰富的隐性知识。因此，图书馆可以采用新兴信息技术，深入挖掘其潜在的隐性知识中蕴含的深层利用价值，为图书馆知识服务用户提供深层知识服务。

### （一）深入挖掘图书馆知识服务资源的价值

面对数量庞大、覆盖范围广的互联网资源，图书馆应采取解析组织手段，加大资源投入力度，发挥数据挖掘、处理等新兴信息技术在知识发现与识别过程中

的优势，对互联网信息及图书馆馆藏知识资源进行采集与处理，对由数据挖掘、智能分析产生的信息进行二次处理，从而挖掘具有深层利用价值的知识资源。针对结构化、半结构化的显性知识，图书馆可以对其进行分析、组织和集成化处理，挖掘出能满足用户需求的知识单元；针对非结构化类型的信息数据，运用可视化技术将其整理建设为视频知识资源库，以方便用户的检索和提取，提高知识服务资源利用效率。

### （二）建设图书馆知识网络体系

知识网络是知识参与者之间的社会网络，能够实现知识在用户、组织内外的流通传递。用户通过使用知识网络进行信息沟通与合作，可以实现知识创造和知识应用。图书馆可以利用引用链接技术和知识元链接技术等，根据文献资源间的印证关系、知识概念等关联进行引文链接，再结合主题链接、行为关系链接、聚类关系链接及属性链接等关联途径，将图书馆内中文文献数据库、各知识资源库进行整合，建立图书馆知识网络体系，实现数据之间、信息之间及知识单元之间的内容关联，从而挖掘其潜在的隐性知识资源。

### （三）实现图书馆知识服务资源共建共享

在新型信息环境背景下，用户对知识服务的需求不再仅限于单一图书馆馆藏知识资源，图书馆知识服务资源共建共享成为新的发展趋势。因此，图书馆在知识服务资源建设过程中，应以资源共建共享为理念，发挥自身学科背景优势或地区优势，积极开展知识服务合作，将各图书馆知识服务资源库、知识服务平台、知识服务专家组等组织起来，建立系统化或地区化的图书馆知识服务联盟合作机制。以互联网为媒介，构建知识服务资源共享平台，开展合作、联合服务，以实现知识服务资源共享、知识服务团队共建的目标，提升知识资源的利用价值，进而促进图书馆知识服务能力的提升。

## 三、提高图书馆知识整合水平

知识整合是指以知识管理方法为手段，通过对知识资源库进行数据整合和信息整合，将其内部知识资源进行重新整理、凝聚，形成多维多层且相互关联的知识体系的一种知识处理方式。图书馆知识整合的目标是按照一定的原则，利用信息技术手段，对图书馆内现存的大量处于无序状态的数据、信息及知识资源进行整理和优化，使其处于有序状态，从而便于知识的获取、存储、利用和传递。通过对知识资源进行整合，实现知识的创新与再生，已逐渐成为大数据背景下图书馆知识服务资源建设的重要发展趋势。

图书馆在对知识资源进行整合与处理时，可以利用各类信息技术，以知识单元为基础，利用不同内容知识单元间的印证关系，将图书馆内部各数据、信息、知识或文献紧密联系起来，便于知识服务用户的获取和应用。对于现有文献资源信息较为密集、复杂，缺乏结构性与系统性的某些领域，图书馆知识服务人员可以利用各类信息技术，进行知识挖掘、关联与回溯，探索隐性知识结构，对现有文献进行一定的整理加工、分类归纳，然后根据用户需求在原有文献基础上形成二次文献、三次文献，帮助用户实现数据信息资源的有效处理，为用户提供一站式服务，满足其学术研究需求，并提供决策参考。

## 第二节　建设知识服务团队

知识服务团队是指所有参与图书馆知识服务活动开展过程的图书馆工作人员，是知识服务过程中与用户直接交流、获悉用户具体知识需求的主体，也是连接图书馆与图书馆知识需求用户的桥梁。图书馆知识服务团队的人才队伍建设情况，直接影响其知识服务能力的强弱。因此，图书馆必须重视其知识服务团队建设的人员规模、人员结构及专业素质等。

### 一、建立图书馆知识服务人才稳定机制

图书馆应基于“人才强校”战略，以“人才是第一资源”为原则，加大对高层次人才的引进和培养力度。

#### （一）加大图书馆知识服务人才引进力度

智慧图书馆致力于构建以用户需求和科研需求为核心的个性化知识服务体系，为此，图书馆需要加快人才队伍建设，积极引进高层次人才，以提升整体人才层次水平，增强图书馆的核心竞争力。在人才引进的过程中，图书馆应树立全

局观念和大局意识，结合自身岗位需求和发展现状，制订长远的人才招聘计划。图书馆在招聘过程中，既要重视应聘者的学历背景和专业技能，还要全面考察其综合素养。这意味着在选拔人才时，除了考察其专业知识和职业技能，还要重视其师德师风，以及对高等教育事业的热爱程度。图书馆需要确保引进的人才不仅具备必要的专业能力，而且能够融入图书馆的文化，对图书馆的发展作出积极贡献。此外，图书馆应遵循实事求是的原则，根据职务需求选聘人才。这意味着在招聘过程中，应通过专业知识测试和职业技能评估，挑选出真正符合图书馆需求的技术与管理人才。图书馆可以通过面试、工作样本测试、背景调查等多种方式，全面评估应聘者的能力和潜力。

### （二）完善图书馆知识服务人才激励机制

当前，如果图书馆在引进高层次人才后，用人、留人工作不到位，未能实施有效的人才激励保障政策，将会导致人才流失问题。因此，图书馆应完善高层次人才激励制度，实施有效的人才激励措施。通过对人事制度进行改革，完善以绩效为导向的薪酬激励体系，实行高效率、高绩效、高薪酬的奖励模式，将政治性奖励和经济性奖励有机结合，从而进一步激发人才工作积极性和人才活力。此外，图书馆可以灵活设定奖励机制，如科学制定一次性重大奖励制度，对工作表现突出、成就突出的优秀人才进行荣誉表彰和经济奖励等。

### （三）优化图书馆知识服务人员结构配置

高素质人力资源是图书馆知识服务能力提升的战略资源，而合理的人力资源结构则是将人力资源的作用最大限度地发挥出来的基础。图书馆应基于自身发展现状和发展需求，合理配置知识服务人员结构，做到人尽其才，才尽其用，人事相宜。因此，图书馆人员结构优化应遵循以下原则：其一，能力匹配原则。图书馆应充分了解自身岗位需求，遵循能力匹配原则，使员工自身能力与其所在岗位相匹配。其二，优势对应原则。图书馆员工在选择岗位时，应根据自身优势和岗位要求，选择最有利于发挥自身优势的岗位。其三，动态调节原则。图书馆应根据员工能力的变化和工作岗位的变动，及时、动态地对人员配备进行调整。

## 二、强化图书馆知识服务人员专业能力

在科学技术进步速度不断加快，知识更新周期不断缩短的背景下。为了保持图书馆知识服务能力，持续为图书馆用户带来良好的知识服务体验，图书馆需要提升其知识服务人员的专业技能，对知识服务人员进行专业培训。

### （一）定期开展图书馆知识服务培训

在大数据时代背景下，图书馆知识服务人员需要适应云计算、数据挖掘、人工智能等新兴技术的快速发展。为了满足用户个性化需求，图书馆知识服务人员必须持续学习，不断提升自身能力。为此，图书馆可以定期开展专业技能培训，这些培训旨在提升馆员在信息技术、数据分析方法和管理技能等方面的能力，确保他们能够有效利用新兴技术提供更优质的服务。同时，图书馆可以邀请图书情报领域、计算机科学和管理学等领域的专家举办讲座，分享最新的研究成果和行业趋势，拓宽馆员的视野，促进知识的更新和技能的提升。图书馆可以还鼓励内部工作人员相互之间的知识共享和学习，通过工作坊、研讨会和在线课程等形式，促进馆员之间的交流和学习，增强团队的协作能力；组织团队外出学习，参观其他图书馆或相关机构，学习先进的管理和服务模式，对于提升图书馆服务质量和效率至关重要。通过系统化的培训工作，图书馆知识服务人员可以提升专业知识技能、文化素养和创新能力，以适应多元化的服务需求。此外，图书馆知识服务人员需要持续追踪图书情报领域的最新行业动态，及时补充和更新自己的专业知识，保持对行业发展动态的敏感性。

### （二）提高图书馆知识服务人员沟通交流能力

图书馆知识服务活动的核心在于知识服务人员与用户的有效沟通交流，知识服务人员只有与用户进行深入沟通，充分了解用户需求，才能为其提供针对性知识服务。因此，图书馆可以从三个方面提高知识服务人员的沟通交流能力：其一，协调馆员与用户的关系，提高馆员的理解能力与表达能力，明确用户需求，提供精确信息与优质服务。第二，协调图书馆内部团队成员关系，促进信息交流，提高团队工作效率。第三，通过培养馆员的人际沟通能力，优化宣传工作，促进图书馆知识服务营销，提高图书馆核心竞争力。

### （三）注重图书馆知识服务复合型人才培养

图书馆可以在提高所有馆员知识服务专业能力的基础上，根据人事考核的结果和知识服务需求，选拔优秀及表现突出人才，将其培养成知识服务复合型人才。第一，培养馆员熟练掌握相关网络工具及软件，提升馆员的数据挖掘、分析与整理等方面的能力。第二，培养馆员学术研究能力，学科馆员要对自身学科领域有深层次的研究，能够分析与评价学科发展态势，解答专业性问题，为图书馆学科资源建设提供发展建议。第三，培养馆员系统开发能力，维护图书馆的资源库与网络安全建设。第四，培养馆员的教育与管理能力，提升管理素质，面向用户开展培训课程，普及相关法律与产权知识，净化图书馆网络平台环境。

# 第三节　完善知识服务环境

图书馆知识服务能力的提升是一项复杂的系统工程，不仅受图书馆内部环境影响，同时还受外部环境影响。良好的知识服务环境将能充分激发图书馆知识服务的热情和主动性，增强知识服务能力，提高知识服务效率和质量。因此，图书馆应大力营造开放、共享的知识服务环境。

## 一、营造良好的政策环境

在大数据技术环境下，图书馆服务模式面临重大转型，为进一步提升图书馆知识服务的多元化和智能化水平，国家和政府应出台相应政策法规和标准规范，完善图书馆数据建设的相关服务协议。图书馆要根据国家、政府的有关政策，制定适合自身的管理和发展规范，推动图书馆知识服务活动顺利进行，提升知识服务效率。

### （一）强化知识产权保护力度

知识产权作为保护创新和激励创作的重要机制，在现代社会中扮演着关键角色。它保障权利人对智力成果的专有权利，维护创作者的利益，激发更多的创新活动。随着网络资源的兴起，知识产权保护面临着新的挑战和机遇。网络资源的便捷性使资源的获取、存储与传播变得更加容易，这极大地促进了知识的共享和传播。然而，这也带来了知识产权侵权问题，包括未经授权的使用、复制和分发。这些问题不仅会损害创作者利益，打击创作积极性，还会对整个创新环境产生负面影响。为了营造一个良好的创新环境，国家需要从宏观角度出发，加大知识产权保护力度。这包括制定和实施更加严格的法律法规，授予创作者专有权利，以内化创新成果的外部性，确保创作者能够从其智力劳动中获得合理的回报。同时，国家还应严惩侵权行为，提高侵权成本，降低侵权发生的可能性。图书馆和专家、学者在知识产权保护中也发挥着重要作用。他们需要严格遵守知识产权的有关规定，尊重创作者的权益，合理使用和传播知识产权。图书馆在提供知识服务的过程中，应确保所有资源的获取和使用都符合法律规定，避免侵犯他人的知识产权。专家、学者在进行研究和发布成果时，也应注重保护自己的知识产权，同时尊重他人的知识产权，避免抄袭和盗用他人成果。通过国家、图书馆和专家、学者的共同努力，可以为图书馆知识服务营造一个良好的发展环境，促进知识产权的有效保护，激励更多的创新和创作活动，推动社会的进步和发展。智慧图书馆在这一过程中，不仅要提供高效的知识服务，也要加强知识产权教育和宣传，提高公众的知识产权意识，为保护知识产权贡献力量。

### （二）落实供给侧结构性改革

为深入贯彻全面发展理念，图书馆应将自身发展战略与政府宏观调控相协调，深入推进知识服务供给侧结构性改革。为此，图书馆应从投资、制度、人才、创新等要素出发，综合提升知识服务的供给质量。首先，图书馆可以采取激励政策，优化资金投入准则，充分调动图书馆知识服务建设的积极性，优化知识服务产权结构、要素结构，促进资源整合。其次，图书馆要加强服务团队建设，坚持职业素养和文化素养并重的原则，建立健全素质培训与绩效考核机制。最后，图书馆要升级知识开发技术、知识共享技术、知识应用技术和知识创新技术，打造智能化服务，为用户提供创新型知识服务链，满足用户获取多样化知识的需求。

## 二、推行知识服务协作机制

在大数据时代背景下，随着传统图书馆服务转变为精细化知识服务，在满足用户个性化需求和自身数字化建设需求方面，图书馆的发展环境已经发生了深刻变化：图书馆馆藏资源形式由单一纸质资源转变为纸质、数据、音频多种形式资源共存；图书馆的知识服务由被动提供转变为主动智能、个性化推送；图书馆服务时间维度由按时转变为按需即时等。个性化服务和泛在服务虽然在一定程度上实现了即时、个性化、主动的知识服务，但在大数据时代背景下，单凭某一图书馆馆藏资源和服务已不能满足用户多元、多样、深层次的个性化需求。因此，通过与其他图书馆或资源供应商等信息机构协议合作以组建知识服务联盟就显得尤为迫切。图书馆可以根据自身的优势与不足，以共商、共建为原则，同其他高校图书馆和地方图书馆或区域内相关的科研机构开展合作，实现合理分工、知识融合、资源共享、优势互补。由于合作主体之间存在资源和能力的差异，合作之前应签署相关协议，明确彼此责任，保证各方利益的合理性。

### （一）与其他图书馆组建图书馆知识服务联盟

传统图书馆联盟是指图书馆之间为降低馆藏成本、共享信息资源和实现利益互利互惠而协议建立起的一种联合体。如武汉地区的七所“211 高校”为开展联合办学而组建了图书馆知识服务联盟，学生可选择七所高校所开放的任意一个专业进行辅修以获得双学位，而学生一般都会选择其他学校的优势领域专业进行辅修，这就要求学生所在学校的图书馆全面掌握其他学校优势领域的学科专业特色，以制定相应的知识服务方案。这七所高校图书馆所组建的图书馆知识服务联盟在传统的图书馆联盟馆藏资源互借和数据资源传递的基础上，借助联盟成员各自的信息技术优势、学科领域优势与其他组内成员协作开展知识服务，较好地满足了联合办学产生的复杂化、多元化、精细化的用户需求，实现了真正意义上的图书馆知识服务共建共享，为图书馆知识服务提供了开放的外部环境。

### （二）与资源供应商等其他信息机构组建知识服务联盟

如何对数量繁多且分布散乱的互联网信息资源进行分类、挖掘并纳入自身知识服务体系，将知识转化成果面向社会推广，是图书馆知识服务过程中不容忽视的问题。首先，图书馆应高度重视企业的知识需求，实现馆企合作。打造中介式的知识服务协同中心，搭建图书馆和企业沟通渠道，加强两者间的合作关系，为图书馆创造了解社会需求的路径和窗口，同时为企业提供知识资源和技术合作的机会。其次，图书馆在组建知识服务联盟的过程中，应充分整合知识资源和服务主体，为馆员提供适合自己专业的合作机会，同时将具有应用价值的知识转化成果供给于社会创新创业。

## 第四节　构建知识服务平台

在大数据环境下，数据资源的多样性和来源的复杂性，为图书馆的信息检索、知识发现、智能采集等知识服务流程造成了阻碍，在一定程度上限制了图书馆知识服务能力的提升。因此，建设具有数据获取、存储、组织、分析及知识共享、协作与创新的智慧平台成为图书馆知识服务的关键要素之一，利用知识服务平台强大的数字处理功能对图书馆馆藏资源进行充分挖掘和深入分析，为用户提供全方位一站式综合知识服务成为图书馆追求的目标。

### 一、完善图书馆信息基础设施建设

信息数据已经成为数字经济时代的生产要素，驱动着国家、社会和知识密集型机构的数字化转型，能够围绕数据资源进行深度整合计算、识别和提取的信息基础设施是图书馆传统信息技术基础设施面向数字化、智能化演变的必然结果。加速图书馆信息基础设施建设、构建完善高效的信息技术体系成为图书馆知识服务平台建设的基础内容。首先，针对图书馆建设现状与未来发展规划，树立大数据思维，智慧布局、统筹规划升级改造，如加大高容量数据存储、服务器等硬件设施部署力度，实现有线与无线网络全覆盖建设，加快信息管理系统有机组合，提升信息基础设施支撑力，构建物联网应用及移动互联平台，完成图书馆基础设施互联互通。其次，为提供全方位、多层次、宽领域的知识服务，图书馆需要联结其所有互动要素，如馆藏文献资源、数字化网络资源、数据库、知识馆员及用户等，将这些要素统一嵌入智能网格，以便深入统计分析、挖掘、整合互动要素产生的海量数据，为图书馆知识服务朝着多样化、智能化、个性化的方向发展提供坚实基础，同时为数据管理、智慧服务提供有力支撑。最后，图书馆信息基础设施完善升级是一个长期规划。因此，图书馆应融合校内多部门和校外社会各界的力量，综合研判、审慎研究，借鉴智慧图书馆发展经验，结合自身实际情况和目标定位，在各级主管部门的指导下，制定科学、合理的图书馆信息基础设施建设规划，系统推进图书馆数字化转型升级。

## 二、构建图书馆智能化机构知识库

机构知识库是指利用网络信息技术依附于某一特定组织机构而建立的信息化学术数据库，它将组织内部和相关社区成员的学术产出进行收集、整理并长期保存。这些数据在经过分类、规范和标引设置后，允许机构社区内外部成员按照规范的开放标准和交互协议通过互联网免费获取和使用。智能化机构知识库的构建是提升图书馆学术影响力和成果展示度的核心环节。图书馆构建的智能化机构知识库可作为开放获取的模式之一，全面、客观地为机构人员提供科研学术数据支撑，进一步增强学术交流，营造良好的学术氛围，促进学术研究的发展。随着大数据时代的到来，图书馆在各方面的投入骤增。目前，国外图书馆和科研机构已普遍关注并开展了智能化机构知识库建设，国内多数图书馆的技术能力和馆员素质已足够构建智能化机构知识库。基于院系机构的知识服务库，学科馆员和图书馆用户通过沟通、合作，可以共同促进图书馆智能化机构知识库的构建。这一知识库的构建，旨在汇集各类学术成果，并得到教辅人员的认可和支持，确保各类产出成果的收益率；在成果利用和科研实践中，该知识库可以使既有产出成果真正成为研究人员接续研究的基础，确保学科知识服务的深入和拓展。

## 三、打造图书馆知识共享空间

在信息网络化与图书馆数字化的泛在知识环境下，图书馆的服务核心从自身转向用户。用户获取信息的方式从单一形式获取固定载体的信息资源转变为利用多种方式获取泛在各种信息载体上的各类型信息资源模式。图书馆必须与用户有效结合，构建知识共享空间，实现用户在任何时间、地点通过多种路径无缝获取所需的信息资源。在泛在知识环境下，借助大数据信息技术和各类智能化信息服务工具构建一个由馆员和用户共建的学科知识交流和共享空间，将信息资源获取和知识创新相结合，为用户持续提供高质量的个性化、专业化知识服务，实现知识发布方式和交流模式由单向、线性的传统知识链，转变成密网型知识共享信息网络。在知识共享空间中，用户不再单纯是知识需求和利用者，对于图书馆的反馈也不再只是提出改进建议，而是利用自身专业知识和实践能力使图书馆资源建设更加合理。同时，馆员也可以在与用户的交流互动中，一方面辅助用户高效利用图书馆数据资源，另一方面不断弥补自身学科知识漏洞，持续提高知识服务能力。

在泛在知识环境下，构建知识共享空间有多种形式。图书馆可以根据自身的技术条件和知识服务状况选择不同的形式或集成多种方式构建知识共享空间。

### （一）基于维基共撰学科专业百科以构建知识共享空间

维基（Wiki）是多人协作、共同撰写开放内容的写作工具系统。一般而言，维基站点由多人共同维护，即多人相互协作，每个人都能发布自己的观点，也可以与他人探讨拥有共同兴趣的内容。在泛在知识环境下，一方面，馆员可以在教师或学者提供的信息资源的基础上，提取具有高学术价值的信息，将其分门别类地组织成百科全书，为用户提供高质量的知识服务内容。另一方面，由于维基系统具有对用户完全开放的特性，教师、学者可以对信息质量进行筛选，继而由馆员对信息结构进行组织分类。

### （二）基于播客共创学科视频以构建知识共享空间

在大数据信息时代，传统的文字和图片信息资源已无法满足用户的需求，图书馆可以通过播客（Podcast）技术发布音频和视频资料，以开展学科知识服务。这主要体现在两个方面：第一，馆员可以联合技术部门制作相关学科的音频和视频资料，同时鼓励学者和学生积极自制并共享具有学术价值的视频资源；第二，图书馆可以制作学科检索方法和课件视频资源，为用户建立网上教辅平台，以供用户在方便的时间、地点进行学习。

### （三）基于微博、微信共建学科社区以构建知识共享空间

在大数据时代下微博、微信的出现使知识共享空间的构建有了更加便捷的路径。图书馆的微博、微信公众号可以发布资源推荐信息、开闭馆时间调整通知、培训、讲座活动预告，还具有图书馆意见箱功能。同时，微博、微信具有实时交互、精准锁定等特点，可为用户提供更有针对性的知识服务。在这个过程中，用户不仅是信息的被动接受者，也是信息的主动传播者和制造者。

# 第五节　创新知识服务模式

大数据技术、云计算和人工智能等新一代信息技术的快速发展伴随着图书馆用户知识需求的碎片化和精细化，对图书馆资源的知识管理、开发与应用提出了更高的要求。很显然，被动服务和例行知识服务很难满足新时代图书馆用户的知识需求，因此，必须依托现代信息技术创新图书馆发展模式，将以被动服务为主转变为以主动服务为主，由满足一般例行的知识需求，转变为以个性化的知识服务为主，最大限度地满足用户的需求。

## 一、完善图书馆嵌入式学科服务体系

知识服务是信息和数字化时代图书馆服务的要务，在图书馆发展过程中发挥着至关重要的作用。因此，在信息爆炸的大数据时代，图书馆需要通过创新发展模式来满足以校内用户为主的专业化知识需求。

### （一）重视嵌入式学科馆员的发展

图书馆嵌入式学科馆员应更加关注用户需求，为用户提供了更加精准个性化的服务。这要求学科馆员能够积极联系教师、学者，深入参与研究项目，与用户保持密切合作，既要作为一线科研人员深入研究中，为用户提供图书检索技巧、资源应用、科学研究方法等服务，还应主动参与图书馆知识资源建设，推动图书馆电子资源库的建立。因此，嵌入式学科馆员应不断学习互联网、人工智能、大数据、云计算、物联网和移动互联等技术，丰富自身知识储备。此外，嵌入式学科馆员还需要加强团队协作促进资源共享，持续推进多馆协同合作，实现资源优化配置，提升信息资源共建共享水平，为用户提供系统、全面、深层次的学科服务。

### （二）创新嵌入式学科服务的发展模式

随着新一代信息技术的快速发展，以满足用户多元知识需求为目标的嵌入式学科服务随之产生。因此，图书馆应充分利用现代信息技术，将大数据分析和数据挖掘技术融入学科服务建设过程中，创新嵌入式学科服务发展模式。图书馆可以基于自身网络资源平台优势为用户提供专业的信息服务，并使用多种搜索引擎和插件为用户快速读取所需资源，或通过移动终端开展教学活动，实时传递图书馆的学科服务信息和知识资源，实现信息技术与嵌入式学科服务的深度融合。

## 二、构建智慧图书馆知识服务生态系统

构建智慧图书馆是在现代信息技术与用户需求共同作用下的图书馆发展趋势，是对现有资源、服务和空间的重新组合与服务模式的创新。通过将大数据、云计算、人工智能、移动互联网等新一代信息技术与图书馆知识服务场景深度融合，智慧图书馆可以为用户提供智能化服务和体验。

### （一）聚焦用户行为数据，完善数据资源的使用与管理

用户的行为数据是图书馆实现知识服务的重要基础，也是智慧图书馆分析用户特征、创建用户画像、预测用户行为的参考依据。因此，在大数据时代背景下，图书馆应聚焦用户的行为数据，在获得用户许可后，依托智慧图书馆资源，深度融合人工智能、数据挖掘、物联网和生物识别、智能感知等技术，采集用户的行为及个人信息（如年龄、性别、学历等），使图书馆数据库能够实时连接用户的智能设备，为用户提供实时准确的咨询和决策服务。同时，智慧图书馆在知识服务过程中还应立足数据制度的建设，不断完善数据资源管理体系，运用科学的管理制度来规范智慧图书馆的数据获得与使用行为，完善读者管理与空间服务，保障网络服务与版权等，为智慧图书馆知识服务奠定坚实基础。

### （二）基于智能搜索引擎，打造问答分享服务社区

图书馆应改变以图书馆为唯一主导的发展模式，不断结合新一代信息技术的发展成果，增强图书馆知识服务的交互性。因此，智慧图书馆应加快构建具有信息交互联动效应的问答分享服务平台，促进用户间咨询信息和知识的快速自由流动。这就要求智慧图书馆搭建能够促进用户间信息实时共享和扩散的智能搜索引擎，将用户的回答结果以搜索内容的形式直接展示给其他用户，有效地将不同领域用户的隐性知识转化为显性知识进行共享。智慧图书馆还要依托用户和搜索引擎的相互作用，打造问答分享服务社区，进而形成集聚现有图书资源和用户智慧的联合交互知识服务网络。

**（三）建设一站式集成知识服务平台**

问答社交模式的实质是推动用户个性化问答信息实现实时交互的智能化知识服务。基于这一前提，智慧图书馆应以用户互动质量、功能质量和可用性质量为标准，积极建设一站式集成知识服务平台，从而推动定制化服务的进一步发展。例如，中国国家数字图书馆将虚拟参照咨询、知识导航和智能搜索引擎等服务的比较优势转化为集成优势，极大地提升了用户对信息和知识的利用效率。同时，综合使用了集成检索、大数据搜索引擎、简易信息聚合等技术，紧密跟踪用户的知识需求，推动了用户实时知识共享资源、馆员知识储备，以及馆藏知识库间的有效协同，优化了用户知识获取流程。

## 三、推动实现图书馆个性化知识服务

为提升大数据时代图书馆知识服务能力，图书馆应基于精准化知识服务策略，立足于用户特征，把握用户需求，细分用户标签，构建用户网络，完善后期服务，实现知识服务内容的多样化和个性化。

**（一）基于数据挖掘技术，构建用户画像**

自2020年以来，用户画像技术被广泛应用于图书馆的信息推送和个性化服务研究中。因此，图书馆可以通过对用户行为进行深度的数据分析和数据挖掘，实现各类信息资源的关联和聚类，以此构建用户画像，进一步提高知识服务的靶向性。首先，图书馆需要将采集到的用户行为数据（如观看记录、检索习惯、浏览痕迹等）进行深入分析与挖掘。其次，将采集到的数据与管理系统中的用户静态数据（如学院、性别、专业等）进行比对分析，依托用户画像技术，从多角度建立群体用户画像，分析挖掘出各类用户的行为习惯，如同一学院的用户、同一专业的用户、不同性别的用户行为特征。最后，基于清晰的用户画像，建立不同类型用户的标签体系，实现推荐信息和知识能够与用户动态信息需求之间情景化适配，从而准确地向用户提供符合其需求的目标资源。

**（二）关注用户知识需求，建立新型知识服务模式**

在泛在知识环境下，图书馆用户具有多元化的知识需求，如特定情形下的交互式知识问答需求，基于游戏式设计的数据资源检索需求和以知识图谱、动态图表、虚拟现实技术为依托的知识可视化需求。而以上用户需求的实现需要充分利用图书馆的知识交换与存储技术以及知识表示与知识组织技术。在“互联网+”融合发展的时代背景下，图书馆应推动知识服务优化升级，利用丰富多样的多媒体、增强现实（AR）、混合现实（MR）、虚拟现实（VR）等智能展示设备，依据用户的视觉、听觉和触觉等营造适宜的知识服务多维感知环境，形成个性化、体验式的知识服务模式。同时，图书馆不仅要重视校内用户的知识需求，也要明晰社会公众的知识需求，充分整合学校和社会不同层次用户的知识需求，缓解馆藏资源有限和用户需求日益增长之间的供需矛盾，实现协调供应。

### （三）拓展后期服务

图书馆应依据数据挖掘和分析结果，以及用户的知识需求，拓展个性化信息推送服务的深度和广度。一方面，图书馆应积极利用智慧知识服务平台为新用户提供专业的向导服务，进一步提升用户体验；另一方面，图书馆要充分利用用户的行为信息，提高信息和知识推送服务的精准性，增加用户的黏性。与此同时，图书馆还应不断拓展思路，加大对大数据、人工智能及其服务的开发与应用，不能仅停留在购买既有产品阶段，还应不断更新知识服务配套产品。

## 四、拓展图书馆知识服务职能

在当今的时代背景下，人们对知识服务提出了更高的要求。而图书馆拥有丰富社会信息，应该在满足校内用户知识需求的前提下，为社会用户提供知识服务，以此满足人民日益增长的个性化和专业化的知识需求。

### （一）为教学科研提供知识服务

当前，校内用户知识需求明显增加，对知识服务质量也有了更高的要求。图书馆应充分利用其知识资源，深入校内用户的教学科研活动中去，综合运用各类技术工具和资源，解决用户的实际问题，发掘用户的知识需求。同时，图书馆可以实时追踪、主动联系用户，为其提供有针对性的学术前沿信息，并分析其研究成果的有效性和实用性，充分发挥图书馆知识服务职能。

### （二）支持学生成长成才

学生的知识需求一般分为专业知识、科学研究、社会实践、文体活动等学习生活方面，以及工作方面的知识需求。因此，图书馆应当为学生用户提供有针对性的知识资源和有关图书馆数据库资源检索的培训讲座等，提高学生的专业素养，开阔眼界。此外，图书馆还可以提供知识服务平台，通过小组学习、讨论和演示等方式，让学生进行自主合作学习，锻炼其自主学习能力，提高其团队协作意识。

### （三）提供社会化的知识服务

图书馆馆藏资源丰富，在优先服务校内师生的前提下，可以为社会提供相应的服务。首先，图书馆可以为社会读者提供纸质资源的借阅服务，通过办理借阅证、明确借阅权限、数量和期限来规范读者的借阅行为，同时，校外用户可以通过远程访问系统或远程访问账号获得图书馆的电子资源。其次，图书馆还可以为社会用户提供信息咨询服务，包括基础性的信息服务，以及高层次专业化的知识服务。最后，图书馆应大力推进“校地共建”，与地方政府及其主导的其他公共文化机构间（如地方公共图书馆、科技馆、博物馆、文化馆等）进行资源共建共享，更大程度满足社会公众日益专业化和个性化的知识需求，提高服务的准确性和用户的满意度。

# 参考文献


[1] 郭敏敏，尹雪琪．智慧图书馆的建设与管理 [M]. 北京：团结出版社，2023.

[2] 张海波．智慧图书馆技术及应用 [M]. 石家庄：河北科学技术出版社，2020.

[3] 余冬青．现代智慧图书馆建设及服务创新探索 [M]. 北京：中国书籍出版社，2024.

[4] 田金良．图书馆智慧管理与服务创新研究 [M]. 汕头：汕头大学出版社，2022.

[5] 周玉英，王远 .5G 环境下智慧图书馆的服务研究 [M]. 北京：北京燕山出版社，2022.

[6] 李青燕．新时期智慧图书馆建设研究 [M]. 呼和浩特：远方出版社，2022.

[7] 张璐．大数据时代高校图书馆管理与服务创新发展研究 [M]. 北京：中国商业出版社，2023.

[8] 胡雅凌．大数据挖掘下的图书馆智慧服务 [M]. 北京：北京工业大学出版社，2018.

[9] 张建敏，刘宇航．人工智能背景下图书馆服务研究 [M]. 延吉：延边大学出版社，2022.

[10] 谷春燕，李萧，阿曼古丽·艾则孜．图书馆读者服务与管理 [M]. 银川：宁夏人民出版社，2021.

[11] 刘彩玉，王雪韵，李小霞．高校如何推动智慧图书馆与知识服务融合发展 [J]. 科技资讯，2023，21（18）：191–194.

[12] 田瑞云．智慧图书馆中的知识管理与知识服务 [J]. 文化产业，2023（24）：100–102.

[13] 王慧娜．基于智慧图书馆的精准知识服务研究 [J]. 文化产业，2023（10）：127–129.

[14] 杨铭民 . 智慧图书馆知识服务模式的创新路径 [J]. 兰台内外，2024（26）：70–72.

[15] 温凌云，刘芸，王晴 . 智慧图书馆知识服务体系构建探析 [J]. 新传奇，2024（12）：107–109.

[16] 徐新丽 . 高校图书馆知识服务的现状与发展方向 [J]. 吕梁教育学院学报，2024，41（1）：47–50.

[17] 付超 . 泛在知识环境下智慧图书馆知识服务模式创新初探 [J]. 数字与缩微影像，2024（1）：25–27.

[18] 孟佳琪，支凤稳 . 智慧图书馆知识服务平台研究 [J]. 图书馆学研究，2024（2）：85–91.

[19] 杨晓冬 . 应用型高校智慧图书馆知识服务策略探析 [J]. 三明学院学报，2022，39（5）：117–124.

[20] 蒋丽瑶 . 智慧图书馆知识服务延伸情境建构研究 [J]. 科技资讯，2022，20（24）：220–223.

[21] 陈远方 . 智慧图书馆知识服务延伸情境建构研究 [D]. 长春：吉林大学，2018.

[22] 陈雪芬 . 面向智慧图书馆的高校图书馆员能力建设研究 [D]. 南宁：广西民族大学，2023.

[23] 焦丽叶 . 新技术条件下的智慧图书馆服务模式比较研究 [D]. 太原：山西大学，2021.

[24] 陈心怡 . 基于大数据的高校图书馆智慧搜索服务模式研究 [D]. 天津：天津理工大学，2022.

[25] 常悦 .5G 背景下的图书馆智慧服务研究 [D]. 郑州：郑州大学，2022.

[26] 潘星 . 智慧图书馆联盟建设策略研究 [D]. 扬州：扬州大学，2021.

[27] 刘怡青 . 基于智能化系统的公共图书馆智慧服务现状调研 [D]. 郑州：郑州航空工业管理学院，2024.

[28] 闫秀琳 . 智慧图书馆背景下高校图书馆馆员能力评价体系研究 [D]. 太原：山西医科大学，2023.

[29] 杨斌成 . 人工智能在公共图书馆智慧化服务中的应用及现状研究 [D]. 上海：华东师范大学，2022.

[30] 陈衡毅 . 大数据时代高校图书馆智慧服务存在的问题及对策研究 [D]. 湘潭：湘潭大学，2021.